这一代的书香

启真馆 出品

俞晓群 著

這一代的書香

三十年书业的人和事

ZHEJIANG UNIVERSITY PRESS
浙江大学出版社

推荐序　我的"黄金时期"

沈昌文

　　年近80，干出版这一行从头到今，把退休之后的时光也算上，已近60年了。我经常细忖：在这60年里，哪一段是我的"黄金时期"呢？当然，50年代上半期的习艺时期，80年代里主持三联书店和《读书》杂志的事业高峰时期，都是我常常记挂的。但是，就自己做事的顺手、心情的愉快来说，20世纪末叶到本世纪初叶，这短短的近10来年时光，是我个人最经常称道的时期，值得叫作"黄金时期"。

　　这10来年，我已经从"革命出版工作"的正式岗位上退休了，但是精力还没太衰退，"贼心不死"，想做些事。蒙扬之水女士热情，介绍我在早些时候认识了辽宁教育出版社的老总俞晓群先生。他又是三联书店的作者，在我任内出过书，但不是我经手的，并不太在意。我注意他的，是他主持的出版社长年在《读书》杂志封底登广告。于是，许多年来，他在我心目中是一个重要的"客户"。对于像我这样的小商人来

i

说，客户是重要的，但也仅此而已，自然还比不上我老挂在嘴边的"衣食父母"——作者。

记不得是怎么同这位先生挂上钩，我为他们编起书来。起先小做，后来越干越起劲，我在人民出版社后院借了一间房子，把我认识的相邻出版社的年轻朋友组织在一起，俨然是个小的"工作室"了，只是那时出版界还没有"民营"风，所以这种组织活动没有任何名义。但是，我在此前也当过领导，主持过出版事业，何以到这时会变得那么兴高采烈起来呢？这就说到正题，也就是俞晓群老兄身上了。

俞兄领导出版的特点，我最初的印象是：放手。我当年管出版社，毛病就是不大放手。我做出版是从最下层做起的，当了领导后就有点不肯放手，因为总觉得我对底层工作内行，喜欢说三道四，让下面的同志为难。而我自己又长年处于"一仆二主"的处境，老埋怨长者不肯对自己放手。现在这位比我年轻20多岁的"长者"，却对我大放其手，让我惊异异常。

其次以为这位老兄的放手是他自忖外行。这当然也是优点。但是后来多些接触，却发现此公对工作的深究，远胜于我。他的放手，是出于会心，而绝不只是藏拙。说到他对出版工作的深究，最明显的是对王云五的看法。俞兄提出要学习王云五的经验，编"新世纪万有文库"，我颇为吃惊。因为我是在左派培养下学做出版的，又在抗战胜利后"金圆券"时代过过苦日子，所以对王云五的大名深恶痛绝。难道王云五还有出版工作的"经验"？后来，我确实尝到了甜头。"新世纪万有文库"三个系列，我最喜欢的不是我编的"外国文化系列"，而是陆灏老弟编的"近世文化系列"。读到这个系列，我彻底拜服了。从俞晓群到王云五再到陆灏，我拜到了三个老师，而首先当然是俞晓群。

俞兄对出版业务的深究，源于他的刻苦。他对工作的构想，大多来自对现状和历史的广泛涉猎和深入探究。我后来知道，他参加各种活动，归去都写入日记。有机会见到他的一些札记，极为全面完整地记下当日业务上的见闻和观感。总而言之，我由这么一些对他的相当肤浅的观察才知道，他的获得成就，实在是"良有以也"。这一点，我们在俞兄的这本集子里，是可以明显地感觉到的。

在同俞晓群这样的合作条件下，在这十几年里，我编了一些我多年想出而未果的书。全列太繁，举其一端——《吕叔湘全集》。吕老是我多年崇敬的长者。从我60多年前作佣为工时在柜台下自习他的《中国人学英语》起，就一直崇拜他。做出版后，苦读《语法修辞讲话》，使我在侪辈中稍高一筹。后来想搞业余翻译，又从他的《伊坦·弗洛美》中学到不少好东西。直到我主持三联书店，结识了他本人。他读我编的《读书》后，几乎每期看后都给我写一信，指陈他读后的看法。我有这样的学者为"后台"，让我大壮起胆，在改革开放的年头敢于大胆工作。我多年总想为他老人家出一集子，不单是报答，更为了传播。但在我在位时，没这实力，后来同俞兄一说，居然一拍即合。《吕叔湘全集》18卷，是我出版生涯后期的着力之作。工作有不少缺点，但我毕竟愿已了了。凡此种种，岂非都源自俞兄所赐？！我所以说"黄金时期"，这是重要的方面。

夸了半天，这位俞先生有没有缺点呢？我在别的地方指出过，这位研究中国"数术"问题的专家（他在三联书店出的第一本学术著作便是《数术探秘》），实在并不大会娴熟地在出版工作的斗场中运用传统的"术"，因而他比较容易为人所乘，所算计。中国官场，特别是文化官场之"术"，实繁有徒，我们也不必细说。好在俞兄也志不在此，那就不去管它了吧。

2010年1月

目录

上编

书香消得寂寞：人书忆往

那一缕书香，怎消得独孤寂寞

一天清晨，伍杰先生来电话，让我帮他找一本很久以前出版的书。伍杰先生是我们的老领导，更是一位专家型的官员。他撰写了许多很好的关于书的文章和著作，对于书的认识和评论非常专业，比如他在《中国图书评论》上发表的系列文章，就很有品质。他也和其他老领导一样，很关心我们这些后来者的学习、成长。比如几年前，他就曾经来电话问我关于"几米绘本"的出版情况，谈得很细，其中对时尚文化的许多思考，很有见地，让我深为震动！这一次，伍杰先生提到的是我10年前组织出版的常风的《逝水集》，以及收编此书的"书趣文丛"，使我又一次为之震动！实言之，听到伍先生提起常风的名字时，我自己都有些淡忘了，赶忙搜寻记忆，才清晰了书与人的影像。

提起"书趣文丛"，不知为什么，我的心底总会冒出一丝丝忧伤的情绪，那心境，如冷雨中摇曳的残荷，如月色下幽深的桃花潭水。不是说这套书编得不好。有沈昌文、吴彬、扬之水、陆灏这些高手操刀，有施蛰存、金克木、金耀基、吴小如、舒芜、谷林、

3

施康强、董乐山、金性尧、陈乐民、资中筠、董桥、黄裳、费孝通、王充间、葛兆光、李零、陈平原这些顶天立地的人物加盟，怎么会编不好呢？也不是说这套书没有影响。曾几何时，"书趣"二字几乎成了辽宁教育出版社的代名词，而这套书的书标——"脉望"，后来竟然成了辽教社的社标！应该说，"书趣文丛"表达了一些爱书人的人生旨趣，讲的是方法、格调和品位。我们陆续出版了6辑55册，琳琅满目，但还是意犹未尽！

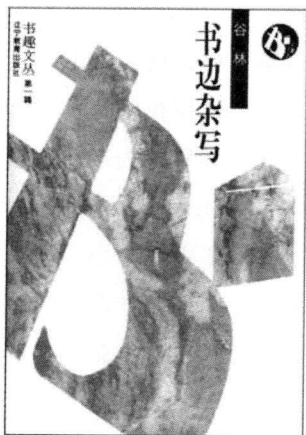

谷林：《书边杂写》

你听，止庵先生不久前还说："'书趣文丛'的价值或许有待时间的考验，然而其中至少谷林翁的一册

《书边杂写》，我敢断言是经典之作，可以泽及后世。"一个编书的人，得到这样的评语，应该倍感欣慰！

但是，时光还是冲淡了那一段热情和那个爱书人的盛宴。一个"死而不僵"的书魂，只能默默地润入中华大地，化作一缕幽香，在爱书人的心中游荡！

我伤感，是因为一张死亡名单不断地勾起我鲜活的记忆：施蛰存、吴方、王佐良、董乐山、胡绳、唐振常、金克木、邓云乡、周劭……就这样一年一年地写下去，人的生命，真的禁不起岁月的琢磨！他们留下的文字，其实是文化的庆幸；而逝去的灵魂，只能带来无法补救的缺憾与怀念！

我伤感，是因为我想起编辑"书趣文丛"之初，沈昌文先生朝气蓬勃的样子。他经常背着一个大书包，穿一条牛仔裤，上衣总是不大整齐，里外分不出层次，一见面先向我们分发稿件、资料。我还记得，沈公做白内障手术的时候，我们要给他送一束鲜花，他说："鲜花就不必了，鲜饭倒可以考虑。"结果手术当天，他就戴着眼罩跑出来与我们开会。现在，沈公依然带着他灰色的幽默快乐着，但年龄已使他时而显出一些快乐的疲惫。前些天中午我们相聚，谈话间他坐在桌前小憩，面色红润，调息着他的"小周天"！我幽幽地想：此时沈公入静了么？他的"小周天"之上是否有一条玉龙盘旋？我更相信，命运与性格，决定了沈公的人生态度——他心中的蛟龙可以悠闲自在地游动，洒几滴细雨，送几缕信风；但他决不会挺剑而起，决不会"搅得周天寒彻"！沈公如此的生命与生存的态度，我在内心中暗暗认同！

我伤感，是因为我们几位当年追随沈公编织"书之梦"的人，都没能逃过岁月蹂躏的窠臼。吴彬依然在《读书》，还算稳定，在去年"三联风波"的噪声中，隐约可以见到她的锐气；但我总觉得，作为我们当年团队的"大姐大"，今天的吴彬少了某种锋利！这么多年，我只见过吴彬的两段文字。一是她纪念吴方先生去世的一段消息，只有几十个字，却极富个性和文采。她写道："吴方的文字含蓄绵密而秀美出尘，就像作者本人一样，有着不尽的余蕴。"记得当时我就赞道："这就是吴彬的风格！"还有一篇是她前不久纪念冯亦代先生的文章《别亦难》，文字工工整整，叙述婉转精当，其风格已与当年的吴彬大不相同。大概是冯老独特的身份才让她这样落笔！

当然，伤感的事情还包括几位核心人物的离散。先是扬之水，她早早地离开《读书》去做研究员，关于《诗经》研究的著作一部接着一部。我从网上资料得知，她已经当了研究生导师。还有上海的陆灏，他倒是没有"遁去",却终日为《万象》的柴米油盐苦斗！辽宁方面，有两位主要的责任编辑：一位是王之江，他已经离开辽宁，去了南开；还有一位是王越男，他刚刚48岁，前些天不幸病逝！

最后就是我了。三年前，因为工作变动，我不再担任辽宁教育出版社的总编辑。升迁也好，改革也好，我此后的处境，真的比从前风光了许多。可我也真是没出息，即使在花团锦簇的环境里，还是忘不掉那段如诗如梦的"书趣情结"。尤其是随着时间的推移，我的思绪不但没有弱化，反而转变为一种貌似老年人的症候，经常陷入人生回望的状态之中不能自拔，内心繁衍着对于旧日书香的眷恋，不时盘算起今昔行为的价值判断！

没出息！甘愿在爱书的心境中堕落——握一柄鱼竿，在文化的寒江上垂钓！

（写于2006年）

《万象》：一个人的编辑部

　　上世纪"孤岛时期"，上海的《万象》杂志很有名气，它曾经孕育出张爱玲、傅雷、郑逸梅、柯灵等许多文化名人。1998年，我们踏着前人的足迹，创办了新时期的《万象》。有人说是"老店新张"，有人说是"旧瓶装新酒"，几年来磕磕绊绊，总算编了七十九期，也不知道能否跨过九九八十一期。虽然创办时间这么久了，还是有好奇的人在问：这样一个海派文化的东西，怎么会落户在辽宁？它的编辑工作又是出自何人之手呢？

　　《万象》能在辽宁出版，本源于我与沈昌文先生的交往。当初，沈公刚刚从《读书》离任，满脑子的思维惯性哪里停得下来，就被我请来帮助辽教社编书。而我们的合作重点正是集中火力，侧重"抢掠"京沪两地的文化资源。那些年，我们经常在上海的街道里弄中转来转去，抢到了施蛰存的《沙上的脚迹》、黄裳的《关于美国兵》、王元化的《谈文短简》、希夫的《海上画梦录》。当然，还有当年老《万象》主编柯灵先生面授《万象》复刊的精神指向！就这样，我们在辽宁注册了《万象》杂志。

可是，要编辑这样一个旨在承继前贤的海派杂志，我们辽宁确实没有这方面的人物。还是沈昌文先生出的主意——因地制宜，在上海建立编辑部，并且请陆灏做编辑。说是"编辑部"，其实日常工作只有陆灏一个人在唱独角戏；沈公倒是时常光顾，吃吃饭，见见朋友，原则是"只出主意不出面"，好像是陆灏的"影子教父"。他们并称"万象书坊"，老的是"只说不做的老坊主"，小的就是"独打天下的小坊主"了。不过还有别的称谓，像毛尖就称陆灏为"掌柜的"或"《万象》的一个当妈的爹"。我们暗里却好称他为"沪上陆小哥"。

就这样，陆灏一个人做下来，一晃便是8年。说起来经济上很划算，省钱又省力；业绩也不错，作为一个"小众文化"的阅读刊物，《万象》的印数始终稳定在近3万册。但是，令我倍感震动的还不是这些，因为随着时间的推移，我发现，"一个人"的客观设计，竟然产生了意想不到的主观效应。

首先，这杂志果然像一个人一样，有了鲜明的个性。谁的个性？陆灏的呗！毛尖就在一篇文章中写道："《万象》一直坚持讲故事，不讲道理；讲迷信，不讲科学；讲趣味，不讲学术；讲感情，不讲理智；讲狐狸，不讲刺猬；讲潘金莲，不讲武大郎；讲党史里的玫瑰花，不讲玫瑰花的觉悟"——这不正是活脱脱的"陆灏思维"吗？当然，他背后还有老老少少的朋友们的点拨，其中还隐含着沈昌文绵密的文化掌力！

其次，陆灏把杂志"具象化"——把编辑部化作他的会客厅。他的客厅被烘托出一种"家"的感觉，"一些老少文人就像进了自家客厅，便全身放松，卸去强大、坚硬的武装，开始了自娱自乐、自伤自恋的软弱情怀"（钱红丽语）。老的有黄裳、舒芜，少的有毛尖、巴宇特，香江彼岸有董桥、林行止，大洋彼岸有李欧梵、黄仁宇，死的有陈巨来，不见面目的有小白。他

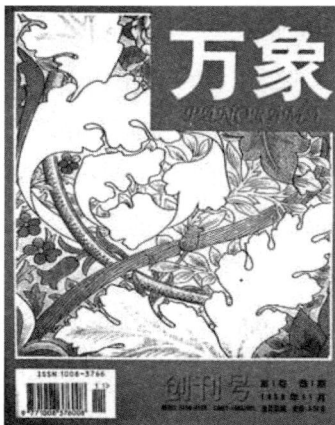

《万象》创刊号（1998年11月）

们乱纷纷宽衣解带、翻云覆雨，在虚幻的文字空间中操练、舞蹈。陆灏自然地站在一旁，热情地迎来送往，真诚地服务到家。有人问："老是那么几个人，不厌烦吗？"陆灏答："不会。朋友不在多，而在谈得来。"再诘问："老是

那几个人唱戏，会审美疲劳的！"答："有人一辈子只看梅兰芳一个！"

在陆灏的培育下，《万象》塑造了一个"文人小意趣"的天堂。陆灏说是在"求俗"，而且求的是一种"甜俗"。何谓"甜俗"？不同的人，理解自然不同：有人说是"精神上伤风怜月的奢靡消费"；有人说是"越堕落越快乐，似乎鸦片真的成了精神上的良药"；也有人赞誉《万象》，"那样优雅、端庄，偶尔出出轨，好比高贵的少妇偶尔趁人不备小偷一情"……再如"小资读本""老资杂碎""波波入门""腐朽的甜腻的枕边书""西洋镜加老照片""不做作的飘发女人""可用于泻火"云云，不一而足！那么，陆灏自己怎么说？他说："甜俗的感觉，就像《万象》的封面那样。"

有人说，陆灏有些怪气。那还用说，只是他怪而讲理，怪而可爱。记得最初谈合作时，他对我说："今天我们用荤话说事儿。你说，我与沈公是做你的大小老婆，还是做你的情人？"我说："这样的出版环境，婚姻是做不成的。"所以，他后来接受媒体采访时说："我与出版社的关系，好比是情人关系——有感情的时候就厮守在一起，一旦没了感情，就分手。"这话就出自我们最初的"君子协定"。在工作中，当陆灏有了不愉快的时候，他会骂我是"昏君"；他还会嚷道："这些年，我为《万象》付出了多少青春！"牢骚归牢骚，我心里清楚，陆灏是深爱《万象》的。当听到人们称赞《万象》"一些些知识分子的端庄，一点点晚来风急的人性化"的时候，我不信，陆灏的"沪式娇嗔"还发得出来！

（写于2006年）

"新世纪万有文库"十年祭

如果有人问："作为一个出版人,在过去的10年间,你所编辑的最难以忘怀的图书是什么?"我一定回答:"新世纪万有文库!"不会是别的,即使在我整个的出版生涯中。为什么?因为这套书中包含了太多的人与书的故事,太多的快乐与感伤,太多的世事沉浮……

其实,一个小人物的情绪是不值得公众化的。关键是这里面有一个重要词汇意蕴悠长,它甚至贯通了中国百年出版的脉络,那就是——"万有"!

一个最初的"缘起"

事情要回溯到1995年。那时我已经在辽宁教育出版社做了3年的总编辑,正处在工作的兴头上,像"书趣文丛"和《牛津少年儿童百科全书》等,都是我当时操作的项目。一天早晨,总编室主任王之江说,马路湾古旧书店正在处理当年老商务印书馆出版的"万有文库",其中有不少好书,不妨去看一看。我就去挑了几本,有三上义夫的《中国算学之特色》、戴震校的《算经十书》、江永的《数学》以及《古微书》《世本》《孟子杂记》《五色线》《诗地理考》等，都是我个人所好。

但是，翻看之间，我偶然读到书前的一篇文章，心绪为之激荡得东倒西歪。那就是主编王云五所写的《印行"万有文库"缘起》一文，他讲述了编辑此书的要点：论规模，"冀以两年有半之期间，刊行第一集一千有十种，共一万一千五百万言，订为二千册，另附十巨册"；论范围，"广延专家，选世界名著多种而汉译之。并编印各种治学门径之书，如百科小丛书，国学小丛书……"；论市场经济，"一方在以整个的普通图书馆用书贡献于社会，一方则采用最经济与适用之排印方法，俾前此一二千元所不能致之图书，今可以三四百元致之"；论参与者，胡适之、杨杏佛、张菊生等均在其中；论编辑，"更按拙作中外图书统一分类法，刊类号于书脊；每种复附书名片，依拙作四角号码检字法注明号码……"

看着看着，我不由得自卑起来——人家的编辑思想多么完整！在出版的意义上，我无论如何都想不出超越他们的自信！正一阵长吁短叹之际，恰好湖北的王建辉来电话，他说《中国出版》要开一个栏目——"青年编辑谈如何跨世纪"，约我写一点东西。我带着上面的情绪叹道："我们的所作所为，远不及老辈的胆识和业绩，哪有谈论跨世纪的脸面！"建辉兄笑笑说："你的思考总会与众不同，就写这不同吧。"于是我写了《向老辈们学习》一文，其中充满了对王云五及"万有文库"的崇敬和向往。

此时，编辑新"万有文库"的想法已经在我心中萌发了。

三位最重要的人物

不久，我把这想法向扬之水倾诉，她向我推荐了第一位重要人物——杨成凯。杨先生是中国社会科学院语言研究所的研究员，吕叔湘的弟子。他的学术功力见于他的专著《现代汉语语法理论研究》，而我们更看重他广博的版本学知识。他知道许多古代典籍的价值，知道哪些版本应该重印、应该抢救，甚至知道它们辗转世间的踪迹，知道如何按图索骥找到它们！王之江就曾经几次陪伴杨先生去江南民间寻书。那种体验，自然包含着我们这一代出版人的追求，以及追随前辈的热情和勇气。当然，在杨的身后还有一大批高人参与，如傅璇琮、袁行霈、王学泰等，更多的名字可以在书中见到。后来，"新世纪万有文库"古代部分的书目，正是在这些人的手中产生的。

另一位重要的或曰最核心的人物是沈昌文。因为"书趣文丛"的出版，我那时与沈公已经交往甚密，想做如此浩大的项目，怎么会不求教于他呢？最初谈论此事时，不知为什么，沈公的表情有些复杂，后来在他的文章中我才了解到，他想到了老商务的资源，想到了王云五的种种背景。我却处在一个懵懵懂懂的状态，只看一点，不及其余。等沈公回过神来，却一反往日的悠然神态，表现出极度的认真和热情。我们经常为此开会到深夜，可以说，我一时的冲动，只有到了沈公的手上才成为现实。此中有很多细节，都是沈公亲自操作的。比如文库的名字，最初叫"跨世纪万有文库"，后改为"新世纪万有文库"；请陈原、刘杲等出山做总顾问，还开列出一个庞大的编委会名单；将文库分为三个文化系列：古代、近世、外国；确定文库的宣传口号为"我读故我在"；撰写文库每一集的"前言"等等，都是沈公的工作；"外国文化书系"也是他亲自操作的。

　　此间，有一件事情让我有些得意。那就是在文库的组织过程中，我曾经写过一篇文章《无奈的万有》，表达我对出版前辈和一些编辑高手的敬重，以及自己功力不够而无法超越他们的无奈心态。文章的结尾处写道："我们正在做一件好事情。先人们已经做得很好了，我们还要老老实实地做下去，力争好起来！"对于这段平淡的叙述，沈公大为欣赏，将其引为文库序言的开头语——大概他又有了几分"孺子可教"的感觉。

接着，沈公又引出了另一位重要人物——陆灏。今日看来，由陆灏主持"近世文化书系"，无论是从他身处上海的文化地理优势来看，还是他本人的素质来看，都堪称绝配！从社会反响中也可以看到，读者对这一书系最为赞赏，因为许多上世纪初战乱时期四处流散的作品得以整理、重印，弥补了许多文化传承的缺失。这当然要感谢陆灏的出色工作，以及他那一大群支持者——黄裳、唐振常、周劭、金性尧、鲲西……当然，还有重要的陈子善。

以上三个人号称"新世纪万有文库"的学术策划，实际上是真正的操盘者。他们在书上署的笔名："王土"是沈昌文，"林夕"是杨成凯，"柳叶"是陆灏。

一些难忘的事情

当初，"新世纪万有文库"是一个十年规划，即自1996年至2005年，号称"十年计划，一诺千书"（柳青松语）。其实在一个半官制、半计划、半市场的行业里，谁能为这"承诺"咬上牙印？即使有那么多行家的支持，即使有那么多读者的期望，即使被列入国家

饶宗颐：《固庵文录》
（《新世纪万有文库》第四辑之近世文化书系）

"十五"计划，又有什么用呢？它还是夭折了，它还是在前辈的光焰下黯然失色！唉，怪就怪我们的"十年计划"订得太唐突、太盲目。你一个未入流的小机构，一个流水轮盘的主事者，做事如此大而无当，理想就会变成空想，计划就会变成骗局！想到这些，我感到无限神伤！

好在文库已经有6集500多册出版，好在我们已经在文化的旅途中体验到那么多难忘的人与事。我记得，在文库启动之初，我们向陈原请教选书的标准，他说，唯一的标准就是"存留价值"。他曾经在牛津大学出版社的书库中，买到他们100年前出版的书，这些书已经增值数倍，正是牛津出版精神的体现！我也记得，在讨论文库的宣传口号时，我们众说纷纭。我提的是："精选的书目，精致的印装，精简的价格，精神的伴侣！"柳青松提的是："精品简装，万有书香！"沈公却引马克思语："我们的事业并不显赫一时，而将永远存在，高尚的人们将在我们的墓前洒下热泪。"其精神实质与陈原的观点一脉相承。我还记得，我曾经问陆灏："你这么年轻，怎么会知道那么多好书？"他说，除了腿勤手勤这些常理，还要经常翻读专家、大家的书话和札记等，记下其中提到的书，再深入研究，这是选到好书的一条捷径。许多类似的编辑技巧和方法，正是职业化精神的体现。

难忘的事情还包括人们对文库的评价，当然说好说赖的都有。比如，董桥收到文库第一集后，专门撰文《点亮案头一盏明灯》，文中引徐渭《坐卧房记》："一室之中可以照天下，观万有，一梦觉而无不知。"董桥接着说："读这些文库、丛书，我常常会想起王云五在商务的业绩，觉得这样的读书人，实在体贴周到得可爱。"他赞扬了"新世纪万有文库"对老商务和王云五的承继，还称赞了文库中的几本书，如《西厢记》、苏雪林《唐诗概论》、蒋梦麟《西潮》，还有他寻之多年的叶恭绰《矩园余墨》。

再如胡守文，他几次在文章中提到"新世纪万有文库"。甚至在今年，他仍然在一篇《出版十年回顾》的文章中写道："在思想与产业的碰撞中，辽教社'建立一个书香社会'的文化理念诞生了。在这一理念的主导下，他们绵延不绝地推出了令业界瞩目的'新世纪万有文库'。"

在对文库的评论中，王一方的言论很有分量。在1998年的一篇文章《高高的"桅杆"》中，他从品评丹尼·狄德罗《百科全书》入手，引到我国历朝历代的"盛世修书"，再到王云五的"万有文库"，最后落笔于辽教社的"新世纪万有文库"。他写道："俞晓群君欲承王云五当年大整合旧愿，理念上有所延拓，构架上有所梳理，图书水准也没有太大的起落。"接着，一方兄话锋一转，提出了文库的三点不足：一是"万有"一词用之不当；二是传统、近世、外国三个书系口袋长短不齐；三是选书向度太多，足以歧路亡羊。写成此文后，他还给我来电话说："晓群兄，冒犯了，其实这对开阔你的思路有好处。"我当然理解，这样的文化氛围正是我们所追求的生活方式。此后，我写了一篇6000字的文章《在高高的桅杆下》，回应一方兄的观点。陈原看到我的文章后，还对我称赞了几句！

最后，我还想列举一些网上的点评。相对而言，网络的文化环境最自由，许多帖子很刺激、很坦率。请看：

> 江东子弟：文库中许多书版本极其名贵，把几百年沉湮不显、若存若亡的珍本秘籍公之于世，功莫大焉。

> 唯一琦：文化善举，嘉惠学林，有益文明，功在当代，德在千秋。

> 兔子跑了：文库的优点是价格低廉（打折销售），便于携带，品种丰富，有不少稀见书目。缺点是校勘不精，古籍部分无注释，字体较小。

> 木兆轩主人：找不到其他版本时，就先用辽教的对付一阵，有了更好的版本，就把它扔掉。

> 不耻瞎问：文库为什么打折打得这么厉害？还有钱赚吗？是书出了问题？

> 八大山：胡扯！"万有文库"又不是《圣经》，什么价都能卖。

> 谭伯牛：一个辽教，一个晋古，都属于"好刻古书而古书亡"的典型案例。

这些帖子采自"闲闲书话"。在那里，每当有人谈论"万有文库"时，跟帖的总会有一大帮人；虽然说什么的都有，但我的心中还是很畅快。用一句新词，叫作"吸引眼球"；套一句老话，叫作"有则改之，无则加勉"。感谢网络让我听到那么多声音，使我们在"新世纪万有文库"出版10周年的日子里，有了祭奠的心理依据！

"万有"啊，一个最悠长的梦

初夏时分，正是一个幽幽入梦的季节，我却从梦中醒来。那一阵清风细雨，淋得我好生透彻！打一个激灵，让我想起了一段段依稀可见的梦境：在70多年前，一个叫莱恩的英国人正在一座阴湿的教堂的地下室中忙碌着，一叠叠小开本的"企鹅丛书"就从这里孕育出来；有趣的是，恰逢此时，在东方一个叫王云五的文化商人，也开启了他的"万有文库"工程。望着他们坚韧的身影，我迷离的双眼中充满了泪水，也充满了对于文化传承的渴望！接着，我还看到"汉译世界学术名著丛书"，看到一些前赴后继的出版人的身影……

啊！一个"文化大梦"真的需要一代代有志于人类文明建设的人们辛勤耕作。无论风刀霜剑，无论长河飞泻、碧水千叠，都丝毫撼不动他们的意志。走下去，我们亦步亦趋！

（写于2005年）

那一场追逐，把我的梦境染成蓝色

前些天，我在一次会议上发言，题目是"一个失败的编辑案例"。听到这样的题目，听众中有些"骚动"。我解释说，所谓"失败"，不是作者的失败，而是在我追逐作品的过程中，一种精神的挫伤；不是理念的失败，而是在出版品质的提升中，一个新我的觉醒；不是梦想的失败，而是在一串悠长的故事中，我的梦境被染成了蓝色。

记得上世纪80年代，有一位大学者的名字日渐热络起来。他是一位知识渊博的人，一位学贯中西的人，一位博闻强识的人……好词说不尽，他就是——钱锺书先生。后来，随着电视剧《围城》的热播，钱先生的名声又在大众文化中火爆起来。这样的人物，当然会引起许多出版人的关注与追逐。

那时，我只是一个半大不小的理科编辑，个人的文化兴趣，刚刚从科学史转向中国古代哲学，每天在那里苦读《十三经注疏》什么的，弄得头昏眼花。关于钱先生的学术著作，不用说阅读，我最初连"管锥编"都会错念成"管锥篇"。后来见到评论说，钱先生对于中国古代典籍研究深刻，我就急着想买他的学术著作来读。但是，有一段时间，钱先生的各种图书集体脱销，连《管锥编》那么深奥的学术书，都会印到三四万册。这应该不是学术的力量，而是流行文化的力量。因此，我很久都没能弄到钱先生的学术著作。

一天我骑着自行车上班，偶然在一个颇为冷清的街道里，见到新开张一家大文化书局。我走进去，惊奇地发现，这里竟然可以买到北大版朱伯崑《易学哲学史》前两册，还有中华书局版"新编诸子集成"中的一些本子。后来才知道，这家书店的经理是《当代作家评论》的主编林建法先生。林先生可是一位不得了的大编辑，热情一上来，曾经同时兼任三四本杂志的主编。他精力过剩，工作之余还开了这家书店，对他来说，选书这样的事情，当然是小菜一碟了。在这里，我才买到中华书局版的《管锥编》一套5册，定价只有30多元。那天我倾尽囊中钱财，买了一大包书。林先生还走出柜台，帮助我把它们打包，捆绑在自行车的后座上。他一边帮忙，口中还念叨着："《管锥编》，也读吗？"

几年后，我有机会出任辽宁教育出版社社长。当时教材教辅利润很大，我很想能利用这些资金编一些好书。记得有一次我在北京，与湖北的王建辉先生聊天，他建议，如果有条件，最好能做一些个人全集。我很认同他的观点，可是编谁的全集呢？东北的王尔烈、萧军、萧红，还是张学良？突然，我的脑中冒出一个天大的想法——钱锺书！我当即与北京传媒界的几位好友商量，表示愿意出大价钱，买钱先生的书稿。朋友们一阵忙活，得到的回复却让我大失所望。他们说，其一，钱先生不肯出集子，全集就更不用说了；其二，即使同意出版集子，钱先生的核心著作也不会跳出中华书局、三联书店、人民文学那些老牌出版社的圈子。不用说品牌的力量，就是同仁的脉络，谁能比得了董秀玉、沈昌文、周振甫那样一些人与钱先生的关系呢？

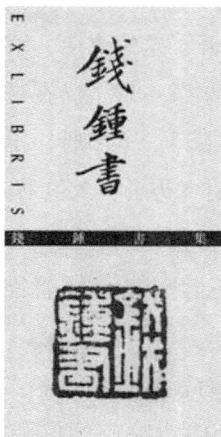

　　怎么办？此时沈昌文先生已经退休，他正在帮助我们做许多好项目。有一天，我对沈先生说，希望编一些大学者的个人全集。他问我首选是谁？我说是钱锺书。他连连点头又摇头地说："好好，做不了做不了。"我问为什么？他就开始给我们讲故事——讲编辑的文化生活，讲编辑与作者的关系，

《钱锺书集》藏书票

诸如贪污盗窃、谈情说爱一类的比喻都上来了，弄得我晕头转向。后来，在他为我的集子《人书情未了》写的序言《出于爱的不爱和出于不爱的爱》中，我才悟出沈先生那时的一些心思。沈先生大概是有些同情我的志向，接着说，我们先避开钱锺书，想一想其他人。于是，我点到同样难做的《吕叔湘全集》。对此，沈先生还是有些犹豫，但总算接受下来。没想到一做就是8年，其中许多事情的难度超乎想像，包括联系作者、收集资料、编排体例、装帧设计、印刷品质等等，我们甚至连恰当的校对员都难选出来。后来再想到钱锺书，我已经不战而怯了。

2001年1月，北京三联书店出版《钱锺书集》，繁体横排，收钱先生重要著作10种，分13册成集。初版印了500套收藏本，深蓝色粗纹布面精装，封面上隐隐地压着手写体"默存"二字，封底无字，只有书脊上嵌着一行烫银的书题。这套收藏本《钱锺书集》限量编号销售，定价1800元。我藏有一套，编号为第014号，它被刻在随书赠送的一个红木书匣的背面。

我喜欢这套书。多年来，我一直把它们放在办公桌正面的书架上，时而取下一册，拿在手上把玩。这套书在外观上，即使运用我全部的出版经验，也很难在设计上、工艺上和材料上，找到一丝的微瑕。即使时间不断地改变着书架上其他图书的外貌，它们却像凝固的大理石一样，书身始终平平整整，蓝色的封面依然透着纯正的深邃。即使是那个随书附送的红木书匣，当你拂去它上面薄薄的灰尘，透出的木质色泽依然新鲜完好，上面镌刻的手写体"钱锺书集"四个字，以及字上镶着的绿色，都没有一点一滴落旧的感觉。

及此，我一个追逐钱著的失败者，除了致敬，还能说什么？

（写于2008年）

一本书，就这样名扬天下

　　这本书的名字叫《中国读本》，它的作者是苏叔阳先生。我说它"名扬天下"，略微知情的人，一定会想到那一段辉煌的往事。在1998年至2000年间，《中国读本》在中国大陆一共发行了1000万册，创下了同类书发行的天量。同时，它还荣获中宣部"五个一工程"优秀图书奖、国家图书奖、全国优秀畅销书奖。

　　但是，我现在要说的并不是那些往事，题目中的"天下"也不仅是"普天之下，莫非王土"的中国，而是名副其实的全世界。

　　说起来这个故事有些曲折。《中国读本》在经历了那一段辉煌之后，曾经有过3年多的沉寂。直至2004年，伴随着中国文化"走出去"的一声号角，《中国读本》异军突起，一下子又冒了出来。它迅速地走出国门，在不到3年的时间里，竟然有11种文字版本产生。这是一个十分有趣的出版案例，它的发展过程，甚至可以用一个个小故事串起来。

29

新生

那是在2004年末，为了落实"走出去"的文化战略，我们清理以往的书单，又想到了《中国读本》。在辽宁出版集团董事长任慧英先生的大力支持下，我们立即与海外的合作伙伴德国贝塔斯曼联系，希望能将《中国读本》译成英文，在他们的全球书友会销售。对此，德方表示了极大的兴趣。

于是，我打电话给此书的总策划、中宣部出版局局长张小影女士，将上面的想法告诉她。听完我的述说，小影笑了。她说："你记得么？3年前，在我们出版《中国读本》中文版时，我就提出要做英文版和中文繁体字版，并且我当时就已经请人做了英文翻译。后来你们一直没有回应，上海新闻出版发展公司却积极地推出一套关于中国文化的英文版精品图书，《中国读本》就收入其中了。"

她接着说，不要着急，这件事情的发展前景十分广阔。既然大家已经有了新的认识和积极性，就携起手来，共同合作，努力做好三件事情。一是与上海新闻出版发展公司合作，将已经完成的英文版《中国读本》继续提供给贝塔斯曼书友会；二是按照新形势与国际化的要求，请苏叔阳先生立即对《中国读本》的内容进行修订，这次修改要强调在人类文化的大背景下，实现中外文化的三个对接，即时空对接、文化对接和情感对接；三是以这个修改本为底稿，再认真地启动该书多语种的翻译与推介工作。

应该说，张小影局长的这三点建议是一个转折点，为《中国读本》后来的"走出去"奠定了重要的基础。

凯茜女士

在这样的情况下，我们又向贝塔斯曼提出出版《中国读本》德文版的设想。他们欣然支持我们的工作，并且由潘燕女士出面，请到德国大使馆驻上海总领事夫人凯茜女士，希望她能接手《中国读本》德文版的翻译工作。凯茜女士是在中国读的博士学位，专业是"中国文化研究"。她的中文非常好，彼此交流时毫无障

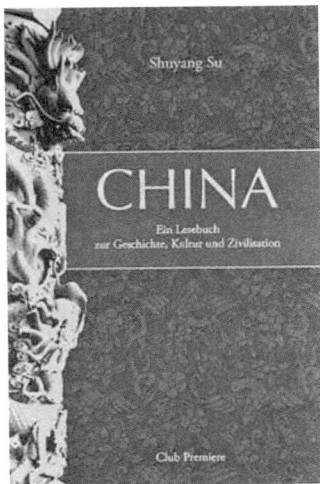

《中国读本》（德文版）

碍。我们第一次见面时，她对接受这项工作还有些犹豫，因为书中涉及的中国文化跨度太大，许多专有名词很难翻译。另外，她的孩子当时只有两岁，每天需要照顾，而我们要求的交稿时间又很急。所以她说，先看一看书稿再说吧。就这样，我们把中文版的《中国读本》交给她，希望她早一点给我们消息。没想到两天之后，她就请潘燕转告我们，她接受了这个任务，因为这部书写得太好了，她愿意用两个月的时间，把它翻译成德文。她还表示对作者苏叔阳先生的敬意，希望能够有机会拜见这位才华横溢的大作家。

不久，苏先生去沪开会，凯茜女士把他请到德国总领事官邸做客。我们知道，苏先生历来风度翩翩，经常作为主持人，出现在央视等社交场合。那一天，他与美丽而举止优雅的凯茜女士在一簇兰花的掩映下交谈，谈笑风生。那一刻，中德文化的交流，演化成一幅优美的画卷，明亮而清新，让人感慨至深。

两个月后，凯茜女士准时完成了文稿的翻译工作。她在信中写道："这段时间里，我的情绪已经完全沉浸在中国文化的海洋之中。苏叔阳先生优美的文字与博大的爱国情怀，也使我忘记了疲倦、忘记了时间，甚至冷落了我可爱的孩子。"

蓝先生与叶琳娜

2007年初,《中国读本》德文版完成之后,贝塔斯曼中国区总裁瑗秉宏先生又在全球书友会上,向其他语种的书友会负责人推荐了此书。由于有了英文和德文本的参照,下面的推介工作就好办多了。

贝塔斯曼俄语书友会最先表示了兴趣。我们就按照前面德文版的操作方式,先在中国寻找译者。为此,我们向沈昌文先生求助,他向我们推荐两位俄语专家,一位是高莽,另一位是蓝英年。高先生太忙,婉言谢绝了我们的邀请。蓝先生是我们的老朋友,早在编辑"新世纪万有文库"时,他就是编委之一,他同意与我们见面,帮我们出一出主意。2007年5月的一个晚上,我们在京城的一家小酒馆与蓝英年夫妇小聚。他们有些老了,但步履依然轻松,心态依然完好,一件件往事如浮云掠过,静静地感染着我们交谈的情绪。蓝先生说:"苏叔阳的《中国读本》写得好,你们多年以来持之以恒的'文化自觉'也让我感动。我可以向你们推荐一位俄国人翻译此书,她是我的学生,名字叫叶琳娜。"

通过蓝英年先生,我们找到了叶琳娜,她在俄国一家银行工作。不久,这家俄国银行在上海设立办事

处，叶琳娜考取了这份工作。8月的一个早晨，我们在
上海见到她。她是一位充满东方气质的俄罗斯女士，
说着一口流利的中文，气质文静而谦和，甚至苗条柔
弱的体态也是东方式的。如果不是她那双蓝色的眼睛
和满头的金发，我们根本无法确认她的国籍。此时，
情况已经有了变化——一个月前贝塔斯曼俄语书友会
来信说，他们已经在乌克兰找到《中国读本》的译者，
不需要我们再找人翻译了。但我们还是向叶琳娜表达
了谢意，又将赵启正先生的书稿《在同一世界》送给
她，请她提意见，希望将来有合作的机会。

从俄国的叶琳娜，我又回想到德国的凯茜。她们
都有着那么好的中文，那么多的中国情结。这只是中
外文化交流的一个小小的视角，看来中国的"行情"
真的发生着巨大的变化。

作家与总理

在推介《中国读本》的过程中，还有一件事情值
得提及。那是在2007年5月30日，苏叔阳先生将《中国
读本》的中文简体字修订版、繁体字版和英文版寄给
国务院总理温家宝同志。苏先生在信中写道："兹奉上
拙著《中国读本》（中文简体字本、中文繁体字本、英文版本）三
册，请不吝赐教。此书原是供青少年了解祖国及中华

文化基本知识的读本，不意发行以来，竟达千万册以上。德国贝塔斯曼出版集团又将它列为向西方世界介绍中国的第一本书籍，以至引起外部世界的兴趣。但我总有些忐忑，不知内容是否确切。倘能获得您的指教，则私心引为至幸！"

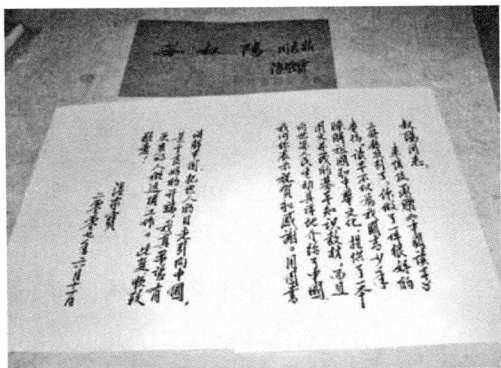

温家宝总理的复信

6月11日，苏先生就收到了温总理的复信。信中写道："来信及承赠《中国读本》三册都收到了。你做了一件很好的事情，读本不仅为我国青少年了解祖国和中华文化提供了一本图文并茂的基本知识教材，而且向世界人民生动具体地介绍了中国。我向你表示祝贺和感谢。用图书讲解中国，把世人的目光引向中国是个良好的开端，我真希望有更多的人做这项工作。"
温总理的信是用毛笔写的，文字工工整整，一丝不苟。

见到温总理的回信，苏先生很高兴。他赶紧打开
家中的传真机，想把原件的样式传给我们。没想到信
是用宣纸写的，信纸既薄且软，一下子就夹到了传真
机中拿不出来了。后来请来工人卸开机器，才取出信
纸——还好信纸没有绞碎，只是有些皱褶了。

好运俄罗斯

有了上面的工作铺垫，2007年9月，我们与苏叔
阳先生一同来到俄罗斯，参加莫斯科书展。出发之前，
我们已经通过电子邮件与俄方将《中国读本》的合同
文本讨论了几回，所有问题都达成了共识，甚至连封
面、版式都认定了。只是俄语书友会的工作时间太短，
只有两个多月，所以我们不敢奢望在书展上见到俄文
版的样书。因此，我们原来的计划只是举行一个形式
化的《中国读本》俄文版签约仪式，况且这次俄罗斯
书展的主题是"中国文化年"，在那样的环境中签约，
当然更有纪念意义。没想到在莫斯科书展上，围绕着
《中国读本》，接连地发生了几件让人既紧张又高兴的
事情。

先是我们到了俄罗斯之后，正赶上周末，与贝塔

斯曼俄语书友会一直联系不上，真把我们急坏了。直到展会开幕的前一天晚上，夜已经很深了，我们才接到中国转来的电话，说俄语书友会地处遥远的乌克兰，他们也打不通我们的电话；现在他们的经理正带着预印出来的20本《中国读本》俄文版样书，乘夜晚的火车向莫斯科赶来。这一下子把我们乐坏了，怦怦乱跳的心总算平静下来。第二天开幕式上，我们一进展台就见到了那位乌克兰国际合作部的经理，她也是一位年轻的女士，穿着时尚而不失优雅的风度。她送上俄文版精装本《中国读本》样书，真是漂亮极了，从装帧到材料，都称得上是书中的上品。她说，先印出3000册精装本，已经供不应求，马上开印平装本，从市场调查看，它一定是畅销书。书展上俄罗斯读者的热情，果然印证了她的话。在我们的展台上，不断有人翻看、打听和试图购买《中国读本》。最后，我们展架上的样书也不翼而飞了。

　　接着就要举行我们的发布会了。这次俄罗斯"中国文化年"活动的内容非常丰富，中俄双方都来了许多重要人物。书展只是其中的一项活动，《中国读本》的发布会又是其中的一个小节目。所以，一直到开会之前，我们也无法确定谁会出席我们的活动。说起来有点戏剧性，正当我们几个人围在一起商量的时候，一位女士向我们款步走来，她带着微笑，挽着一袭美丽的花披肩——那是俄罗斯独有的艳丽与风情。她是铁凝，她来到苏叔阳面前风趣地说："苏先生，我想参加《中国读本》的发布会，您欢迎吗？"我们还能说什么？

在发布会上，铁凝认真地倾听苏叔阳先生充满激情的演讲。演讲一结束，她情不自禁地说："这真是一篇绝好的散文啊！"此时，俄语专家、李立三的女儿李英男教授走过来，向苏先生致意，并希望得到一本俄文版的《中国读本》；刘鹏、赵实等领导也来到我们的展台上，向苏先生问候；俄罗斯电视七台还专访了苏叔阳先生。事后，苏先生平静地对我说："今天的情景很让我感到欣慰。在主旋律的题材里，要想创作出好的作品，其实是很难的。前些年，针对《中国读本》，有人说'那不算什么作品'，还讽刺我是'江郎才尽'；最近口风变了，许多人又劝我'悠着点儿，别累着，身体为重吧！'"

11种文字版本

在不到3年的时间里，《中国读本》有11种文字版本产生出来，并且这个数字还在不断地变化着。

2005年，《中国读本》由上海新闻出版发展公司推出精美的英文版，在亚马逊网站、《读者文摘》、贝塔斯曼全球英语书友会等西方主流媒体的流通渠道销售，在初版售罄之后，又再版重印。2006年，《中国读本》由香港三联书店推出中文繁体字版，在港台地区以及海外华人市场上销售。2007年，《中国读本》由贝塔斯曼德国书友会推出德文版，在德国销售；同年，该书由贝塔斯曼俄文书友会推出俄文版，在俄罗斯、乌克兰等俄语国家销售；随之，我国民族出版社推出蒙文、朝文、藏文、维吾尔文、哈萨克文5种少数民族文本，同时与韩国、蒙古国的出版社签订了输出版权的意向书；由黎巴嫩科学出版社购买了阿拉伯文的版权；同时，我们正在与西班牙、意大利、法国、匈牙利、捷克、波兰等许多国家接触。就这样，《中国读本》的版权输出渐成喷涌之势，越来越热烈。

在这里，民族出版社的工作最让我们敬佩。两年前他们就提出翻译和编辑多文种《中国读本》的计划，并且说到做到，在极其辛劳的情况下，他们组织社内外专家学者一起上阵，在最短的时间内，完成了艰苦的翻译工作。在2007年9月北京国际图书博览会期间，他们准时拿出了5种文字《中国读本》的精美样本，真让我们感动。据说在印制的过程中，民族出版社社长禹宾熙先生亲自监督，要求与其他文字版本的《中国读本》达到同一标准。他们还发挥出版社的国际化优势，与韩、蒙等周边国家的出版商联系，为《中国读本》"走出去"作出了重要贡献。

由此，我也从《中国读本》的工作中，体会到合作的力量。在与上海新闻出版发展公司总经理王有布先生、民族出版社社长禹宾熙先生的交往中，我们几乎是在自觉的状态下，共同地汇聚在"国家利益"的旗帜周围，共同完成了一件有益于文化、有益于民族、有益于人类文明的事情。

在莫斯科郊外的晚上

记得在我们结束俄罗斯之行，即将回国的那一天晚上，我们住在莫斯科郊外的一个酒店里。那一天是9月13日，恰好是我的生日，更巧的是在300多名代表团成员中，只有我是那一天的生日。展团精明的组织者"中图公司"当然不会忘记，在告别晚宴上，他们为我送上一个精美的生日蛋糕，几百人一起祝我生日快乐，那情景真让人难忘。

酒会散了，夜已经很深了，一切都已经静了下来。我与苏叔阳先生，还坐在酒店里的一个哈萨克风格的酒吧中喝啤酒。窗外的景色，在灯光的映照下有些影影绰绰，暗色的草坪上，只有白桦树的枝干反射着冷冷的白光。

此时，苏先生有些感慨。他说，老了老了，《中国读本》又给了他这么多新鲜的人生体验。比如，在去年的法兰克福书展上，他坐在"蓝沙发"上接受采访，这个节目在德国全境现场直播；此后几天，他走在德国的街市上，经常会遇到德国人向他颔首致意。他说："能为国家做事，能为中国人扬眉吐气，那样的感觉真是太好了。看来，我还要抖擞精神，继续写下去。"我说："是啊，您不老！我见到在《天鹅湖》的舞台前、乐池边，您的眼中依然闪烁着青春的光芒。况且，还有《西藏读本》，还有许许多多绝好的项目等

在莫斯科郊外的晚上

待着您去完成。”

　　就这样，我们一直谈下去，一直谈到夜更深的时候……

（写于2007年）

国学丛书，
一个社会转型期的文化结点

国学热

在1989年与1990年之间，中国文化曾经发生了一次重要的突变，它的标志是在短短的两年之间，两个学术思潮的浮沉与更替。一个是"全盘西化"，一个是突然兴起的"国学热"。前者是一件复杂的事情，就不必说它了；对于国学，却勾起我许多记忆。

今天学术界回顾上世纪90年代国学复兴的事情，大多以《人民日报》的两篇文章作为见证和标志，即《国学，在燕园又悄然兴起》(1993年3月16日)，以及两天后头版发表的《久违了，国学》。以此为发端，围绕着"国学"的争吵一下子活跃起来，一些横七竖八的"主义"，诸如"国家主义""新权威主义""民族主义""新保守主义""新秩序主义"等等，都找到了话语权，打得一塌糊涂。这倒也填充了"文化豹变"后的一段思想寂寞，只是那些煞有介事的"拼杀"让人有些莫名惊诧。尤其是一些"官方情绪"的介入，让学术问题走上庸俗政治的道路，事情也就更不好玩了。

国学丛书

我对这些深奥的理论不太懂，只是隐隐约约地记得，这"国学"概念的重提还要比上面的时间更早些。那是在1989年底，《光明日报》的陶铠、李春林、梁刚建与我聊天，他们说："有一个好选题，叫'国学丛书'，你们出版社愿意组织出版吗？"当时，我没听说过"国学"一词，还向三位仁兄请教了半天。后来，我们就请出了张岱年、庞朴、梁从诫等人，启动了"国学丛书"的编辑工作，并在1990年底推出了第一批书目——这应该是重提"国学"概念的先声！尤其是主编张岱年为丛书写的序言，即发表在《光明日报》上的文章《以分析的态度研究中国学术》(1991年5月5日)，应该是后来"国学热"的起点。不过回忆起来，当时的我并不理解大师的旨意，只是庸浅地认为："这些学者呀，大概觉得西学不行了，那就再试一试国学吧！"

后来"国学热"闹得风起云涌，却不大有人提起"国学丛书"，似乎对张先生的想法也有些忘却、曲解或偏离。我是在陈来的文章《恺悌君子，教之诲之》(《文史知识》2005年第2、3期)的注释中，认证了这种感觉。

陈来写道："张先生主编的'国学丛书'出版后，国内一系列以'国学'命名的出版物接连出现。1993年《人民日报》针对当时商品经济大潮对学术的冲击，也报道了北大学者从事国学研究的情况。这引起一些反对传统文化的人的注意……我看后对张先生说，您在'国学丛书'的序言中已经把国学的概念讲得很清楚了，怎么说是可疑的概念呢？张先生说：'现在看来有种种误解，研究国学不是复古。'"

在"国学丛书"的第一批书目中，收有陈来著的《宋明理学》，出版后反响极好，并很快就在台湾出了繁体字版。后来出版社因为管理不好，引起陈先生一些不快，我至今还怀有歉意。最近读到他上面的这段话，自然又引起我对许多往事的联想，以及对那些实实在在的学者们的敬重之情。

"国学丛书"宣传册

编辑部

这样一套书，它首先需要有一个好的编辑部。这件事的发起与组织者，正是上面提到的《光明日报》的三位，我当时戏称他们是"京城三剑客"。这三位给我的总体印象是：陶铠先生是我们的领导，他做事稳稳当当，像带头大哥；春林谈吐儒雅，是诸葛亮式的人物；刚建刚柔兼济，他的策划和操作能力最让我敬佩。

初次见面，春林送给我一本他的著作《大团圆》，刚建也送给我一本他的杂文集《风吹哪页看哪页》。我们关于"国学丛书"的合作，就是在这样的氛围中起步的。当时，我的助手王越男把他们称为"三位高人"。他们却说："做这样的书，光靠我们还不够。"于是，他们又请出了"三位更高的人"——葛兆光、王炎、冯统一，请他们担任编辑部成员。当时，葛先生已经有大作《禅宗与中国文化》问世，一身朝气与智慧，名声也大得不得了；王先生也曾经是《读书》编辑部主任，知识广博，有"中国第一编"的称誉；冯先生穿着对襟上衣和中式布鞋，一副国粹风度，与王世襄、徐邦达等名流都熟得很。刚建、春林私下对我说，也就是赶上这一段文化沉寂的时期，人们都不大顺当，像王炎的名字本为"焱"，不慎被打掉了一个"火"，否则，请出这样一些高手是很难的。

编委会

有了这样的编辑部，又催生出了一个大师级的编委会，他们是：王世襄、王利器、方立天、刘梦溪、汤一介、张政烺、张岱年、庞朴、李学勤、杜石然、金克木、周振甫、徐邦达、袁晓园、梁从诫、傅璇琮。记得我们第一次召开编委会，主编张岱年慷慨陈词，控诉"文革"时期他被安排去扫院子——"那真是诗书扫地啊"！我曾经为这次聚会而激动，并在日记中写道："那时学术风潮乍起乍伏、时缓时骤，我们三五同仁虽无杞人忧天之心，却有独出心裁之志，在某年冬日的京城聚合十余位历尽沧桑的学者，共谋中国学术的走向。于是久违的老人再度挽起手，擎一面'国学'的大纛，奏一曲传统的欢歌！这样才有了《国学今论》《宋明理学》《天学真原》等著作的问世，由青萍之末渐成浩荡学风。"

对于这些老先生，我们自然敬重有加。用刚建的话说——"他们都是顶天立地的大学问家！"不过，我还记得他们的一些小事情。像梁从诫先生，他是唯一一个骑自行车、穿牛仔裤去参加政协会议的人。王世襄老先生最让我们感动。第一批书出版后，他找到我们说，他没做什么工作，编委的名誉和编辑费都受之有愧，请求奉还。还有李学勤先生的谦逊，袁晓园女士的风度，周振甫先生的纯朴等等，都深深地刻在我的记忆之中。今天，他们中的许多人都已经离开了这个世界，一个当时被人们称为"中国学术出版第一编委会"的架构，早已经不复存在了！

书稿

"国学丛书"一共出版了20本。其组稿原则有三个：一是号角，二是新启蒙，三是出新。对此，我们可以在葛兆光、王炎、冯统一三位撰写的"编辑旨趣"中读到："华夏学术向以博大精深著称于世。降及近代，国家民族多难，祖国学术文化得以一脉未坠，全赖有学见之前辈学人参酌新知，发奋研治。'国学丛书'愿承继前贤未竟志业，融汇近代以降国学研究成果，以深入浅出形式，介绍国学基础知识，展现传统学术固有风貌及其在当代世界学术中之价值意义，期以成为高层次普及读物。"这段文字载于1990年11月3日《光明日报》有关"国学丛书"的广告上。

实言之，我对"国学丛书"的编辑工作极为重视，既出于是个人爱好，也由于受到如此大创意、大阵容的震动。我曾经计划为每一本书写一篇书评，后来也真的写了一些，如为《国学今论》（张岱年等著）写的《圣典如峰，哲人辟境》，为《谶纬论略》（钟肇鹏著）写的《谶纬与谶纬论略》，为《天学真原》（江晓原著）写的《天学的真谛》，为《大哉言数》（刘钝著）写的《秘中之秘新探》，为《象数与义理》（张善文著）写的《徜徉于易与不易之间》，为《岐黄医道》（廖育群著）写的《国学中的自然科学》等。但囿于知识有限，有些书的书评我没有写——不是不想写，而是写不出来。

当然，在编辑"国学丛书"的过程中，我也留下许多遗憾，其中最让我难忘的是一些好选题最终未能成书。比如，夏晓虹、陈平原拟写《旧学新知》，陈世强拟写《佛典常谈》，钟叔河拟写《载道以外的文字》等，都是绝好的题目，最终都未能及时成稿。后来一阵"国学热"，出版界一哄而上，书稿、作者被抢得乱七八糟。我们再想独打天下，再想静下来，已经是不可能的了。记得在1994年，我还请王一方致意钟先生，希望他能写出那本书。但钟先生没有回答，只是签送我一本他的新作《书前书后》。

（写于2005年）

三本书，三个难忘的名字

回顾改革开放30年，感慨的事情太多，可说的事情也太多。我不太习惯宏大叙事的描述，总喜欢在个性的阅读中，发一点"思古之幽情"。比如，有三本书，内容好，书名更好，很能反映30年来"思想解放"的主题。

第一本书叫《宽容》，荷裔美国人亨德里克·房龙写于1925年，1985年三联书店翻译出版。记得初见此书时，我的第一感觉是对"宽容"一词的生疏。在阶级斗争的年代里，它是一个地地道道的贬义词。但正是这本书，唤醒了我的良知，使我进一步懂得了"解放思想"的意义。《大英百科全书》注道："宽容：容许别人有行动和判断的自由，对不同于自己或传统观念的见解的耐心

房龙：《宽容》

公正的容忍。"没有宽容，何谈解放？没有宽容，何谈繁荣？记得前两年，当央视百家讲坛式的学者备受争议的时候，《宽容》的出版者之一沈昌文先生就说："我觉得他们的工作有些像房龙，再读一读《宽容》，就会有所领会。"他的话一语双关，值得玩味。另外，我最喜欢《宽容》中的一些名句，诸如："在野蛮的社会里，宽容的概念是不为人知的"；"为宽容的斗争，直到个性发现以后才开始"；"偏见和自诩正确的优越感，一旦加上怀疑和恐惧，会使最谦卑最温顺的人变成万物之中最残忍的畜生，以及宽容理想的最大的敌人"。

第二本书叫《格调：社会等级与生活品味》，作者是美国人保罗·福塞尔，是石涛主编的"另类丛书"第一本，也是后来最有影响的一本，出版于1998年。我觉得，对30年出版而言，这本书有着多重的意义。其一，它产生于"正源图书工作室"，自然有个性、多元与时

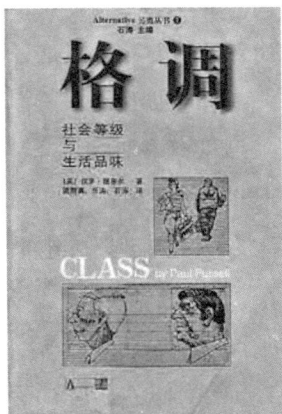

保罗·福塞尔：
《格调：社会等级与生活品味》

代先声的文化价值。其二，"另类"一词从此流行，它不与主流抵触，而是与主流并行不悖、一路同行。正如书前石涛先生所言："多年来，我们对译介主流思潮和经典学术所倾注的热情，使我们对其他有趣的思想和知识闭上了眼。读书人渴望从书中获得享受，一板一眼的论述和陈旧庞大的主题令人望而生畏。"其三，也是最重要的一点，那就是书的原名 *Class* 的译法，真是妙极了。记得"文革"时期，我们学习英文，最重要的词汇之一就是class struggle。那是阶级斗争的年代，工人阶级是领导阶级，在许多时候，class是一个很恐怖的词汇。现在，那个时代结束了，"格调"一词的推出，软化了人际关系，呼唤着新的生活方式和新的社会阶层的界分。这一步，我们迈过了class的两个词义，同时也迈过了一个时代的壁垒。

第三本书叫《万象》。其实它是一本杂志，我却总喜欢称它为书。一方面，因为它是我们几个志同道合的人共同创造的结果；另一方面，它的形式也像书，尤其是多年来，总会有人读到新刊后，找到编辑部，再把它的过刊买全。《万象》的名字，原本是对上世纪上海"孤岛时期"一本老杂志的继承。它创刊于1999年，当时沈昌文先生给它起了一个英文名字"Panorama"，还征求了大翻译家董乐山先生的意见，董先生连声说好。我们试图将这个名字在全球注册，以避免在国际化的过程中，发生像《读者文摘》与《读者》那样的冲突。后来，全球注册没成功——这样的好词，早就被别人抢注得一塌糊涂了。记得前些年，我们与几个加拿大书商合作，在加拿大成立一个万象出版社，还试图用"Panorama"注册出版社的名字。那几个加拿大人也说这个词好，但一检索，发现这个词在加拿大也被别人抢注了。他们又推荐了另一个词"Vista"，结果注册成功。后来，微软还用"Vista"注册了他们的一个新操作系统，看来这词也不错。那它们究竟是什么意思呢？"Panorama"说的是"风景的全貌"，是对一个事物动态的、系列的观察。比如，《英国通史》即为 *A Panorama of English History*。"Vista"说的是"从两排树木或房屋等中间看出去的窄长的景色"，引申为"一连串的追忆，一系列的展望"。

"万象"一词在中文里是一个俗词，不用注释，大家都懂得它的词义；但正是这种语义含混的泛泛之词，最容易被人家"动手脚"。你看，沈先生等人就下手了——在"万象"的名下，衍生出一个《万象》杂志，一本《万象译事》，一套"万象书坊丛书"。他们宣扬

《万象译事》

的"指导思想"是：一时冲动，老店新张，在京海派，在海京派，可以卧读，众声喧哗，传统学问，新潮近说，大众文化，高头讲章，崇论宏议，闲情小品，卫道捍义，风花雪月，捞月而已……这样一通混说，反正都跳不出"万象"的范畴。读者可不要上当，其实这里边蕴涵着许多新鲜的时代意义。比如，将主旋律喻为"主食"，将万象之流自嘲为"菜篮子工程"；欢呼大众文化的流动，追寻小众文化的稳定；借助大学问家、大文化人的闲笔，推动阅读群体的思想觉醒与个性解放等等。

就这样一路欢歌，一路呐喊，一路走下来，30年便弹指而去了。静下来，我仍然觉得这三本书和它们的书名很有趣。看到它们，总会引起我对"解放思想"新的思索。

（写于2008年）

别吵了，"索引时代"已经降临！

记得20多年前，我初做编辑，在处理第一本译著《不等式启蒙》时，一位前辈对我说："处理译稿，首先要学会做减法：一是不合国情的内容要删去，二是索引一般也要删去。"对于后者，我不太理解。因为当时我正在读 M. 克莱因的巨著《古今数学思想》(上海科技出版社，1981)，洋洋4卷本，每册都附有"名词索引"。如果删去它们，再想查找某一个词语，那不成"大海捞针"了吗？

后来我才渐渐明白，自从上世纪初"索引"的概念伴着西学进入中国以来，文化界就一直围绕着它争吵不休。最初的争论在于对索引有用与无用、正确与错误的判断。正方说，索引代表着一种科学的学习方法，它是我们应对"知识爆炸"局面的最佳对策；反方说，索引乃舶来之物，与中国传统文化的精神与方法相悖，它只能帮助懒惰的人投机取巧，对于真正的学者而言，索引是无用的，等等。

近年来，也有人把废除"索引"的责任归咎于出版社——一怕编排索引太麻烦，还容易出错；二怕增加页码，增加书的成本云云。奇怪的是，出版行业如此明显的"不良认识"，却听不到官方的批评，见不到行业的修正。即使有读者高呼"坚决不买无索引的学术著作"，出版界依然表现得很冷漠，删除译著索引的现象依然满视野，中国学者的专著依然十之八九不做索引。在国家的政策法规中，在图书的各类评奖活动中，都很少见到强调"索引"的规定或评定条款。

出现这种现象，我觉得主要是一个文化差异与冲突的问题。比如，当我们赞扬一些前辈学者时，最常见的词汇就是"博闻强识"。钱锺书先生能背诵《十三经注疏》；陈寅恪先生在双目失明的情况下给学生上课，仍然可以准确地指出每一段引文的出处；金克木写文章，桌上没有一本参考书，因为他早已经把那些资料熟稔于胸了。更为有趣的是，在我国的文化氛围中，那些强记的大师们即使背错了引文、写错了文章，也是可以理解的，甚至成为一时的佳话。前些年，有人指出钱著中引文不准确，就有人解释说："钱先生是凭记忆引用古文的，出现一点笔误可以理解，这也是大师的风格。"由此，我想到梁启超先生写于1923年的一篇文章《阴阳五行说之来历》。梁先生在文中凭记忆默写《诗经》《尚书》《易传》等经书中带有"阴""阳""阴阳"等字词的句子，还在旁边注道："这些引文信手拈来，没有核对原文，可能会有疏漏，请读者注意核对。"结果我发现，他果然不小心漏掉了《易传》中"阴阳不测之谓神"一句。

当我们儿时乃至成年后读到这些故事时，往往会自惭地想到：与大师比较，我们没有天赋，我们不用功，我们没受过私塾中"背书"一类的基础教育，我们只会四处查检资料。你看，正是大师们"博闻强识"的文化传统，始终影响着我们的思想方法与行为规范，使我们在自觉或不自觉中，迟迟不肯提升对"索引"的认识。

1989年我们组织出版"国学丛书"时，总策划葛兆光先生等人坚持要编综合索引。作者中有响应的，如江晓原先生就在《天学真原》交稿信（1991年5月22日）中写道："我打算搞一份综合索引，包括主题（某些重要书名也在内）、人名等。考之西人学术著作，这也是最常见的做法。"也有反对的，如《谶纬论略》的作者钟肇鹏先生来信（1991年7月4日）写道："索引我没有时间做，这是技术性的，如果一定要做，我也得请人。别人提出：按国际标准编排是什么意思？索引的稿费怎么付？"这两封信，真实地记录了两类学者研究方法的冲突。究其根源，江先生所在的科学史研究领域，原本就是西方现代文化的产物；而钟先生的谶纬研究，则是再传统不过的领域了。在索引的问题上，一个是本学科功能的沿用，另一个则是外来研究方法的移植。值得提及的是，后来台湾洪叶出版社出版"国学丛书"繁体字版，竟然又删去了每本书的综合索引。

当然，热衷于编"索引"的人也是有的。写此文时，我翻阅了近几十年出版的图书，发现有两类图书索引做得极好。

一是像商务印书馆等几家老牌出版社，他们对索引的编排是用了心思的。据沈昌文先生说，上世纪60年代，他们为了既保留外文书的索引，又避免修改页码的麻烦，就想出一个取巧的办法，即把原版书的页码印在中文版正文书肩的空白处，或称为"边码"。商务出版学术译著最多，他们大多是用这样的方法保留原书索引的。

不过那天读书时，我却发现了一件怪事。一本中华书局1978年出版的《中国科学技术史》，他们编索引时似乎没有取巧，其中的页码已经是中文版的页码了。可是，当科学出版社和上海古籍出版社于1990年出版此书时，他们的索引又改用了所谓"边码"的方式。起初，我还叹息他们在"走回头路"。后来发现，外国也有"边码"的用法，他们不是为了取巧，而是为了保留一些名著原始出处的页码，便于研究者查找，也是为那些学贯中外的学者，提供对照原著的方便。比如，我见到的"页码"最多的译著是《康德哲学原著选读》（商务印书馆，1963），他们在书中标出了5种版本的页码，即一版、二版、1867年全集版、选读版和中文版。如此精细的做法，显然不能简单地理解为"取巧"了。

再一是政治类的图书，那索引做得真是好上加好。我手边的一套《列宁选集》（人民出版社，1976）就附有完备的"人名索引"。显然，为"马恩列斯"一类政治著作编索引，谁都不会也不敢争论或嫌麻烦。"批林批孔"时期，《论语批注》（中华书局，1974）的索引做得极好，既有"名词索引"，还有"人名索引"，比如一个"礼"字，它把《论语》中的50余条相关的句子，都标出了所在章节和页码，"批判"起来方便极了。

上世纪末，伴随着网络"搜索引擎"的出现，有人预言，新世纪将是一个"索引的时代"。如果说电子书正在冲击着传统的出版形式，那么搜索引擎正在彻底地改变着我们的阅读方式。据说，西方的索引专家们如今都成了抢手货，他们大多兼任着一些网站的工作，或者干脆离开了传统的部门，到"谷歌"上班去了。

我们这些传统的出版人，还要为"索引"的事情争吵多久呢？

（写于2009年）

旧三厄，新三厄

鲁迅先生在《病后杂谈之余》中写道，除了水火兵虫之外，古书有"三大厄"。首先是清代陆心源所言"明人好刻古书而古书亡"，因为他们妄行校改。后面"两厄"是鲁迅提出的：一是清人纂修《四库全书》而古书亡，因为他们变乱旧式，删改原文；再一是今人标点古书而古书亡，因为他们乱点一通，佛头着粪。

这已经是70多年前的声音了。

近30年，国运亨通，书业也跟随着发达起来，其中一景，正是古书出版的风起云涌。在这一段时间里，几乎全国所有的出版社，都或多或少地参与了这场商业争斗。我想，如此状况，一定不是70年前的鲁迅先生想象得到的。以他的学养，以他一贯的挑剔与尖刻，以他"三厄说"的判断，倘若他死去的魂灵可以醒来，看到这一轮轰轰烈烈的"思远古之幽情"，一定又会发出冷冷的笑声，再伴随着一连串乒乒乓乓的口诛笔伐。

鲁迅先生的"三厄说"是有道理的。我初读古书时，就有老师指点我学习的方法：首先是看出版社，中华书局、上海古籍为最好；其次是选择本子，最好看影印本，重排的东西总会有差错的概率；再次是看整理者，一定要选择行家的作品。回想1989年，我编辑出版《九章算术汇校本》，汇校者郭书春先生始终战战兢兢，不断强调不能有一处一字的舛误。我不太理解，还说："国家规定，允许有万分之几的差错率；时下无差错的书，大概只有《毛泽东选集》了。"闻此言，郭先生正色道："既然称汇校，重要的任务，就是要遍查古人的错。我辈原本习古不精，若又添新乱，哪还有自称汇校的脸皮！"

出版"新世纪万有文库"，反响不小，其中古代文化部分，却陷入不讨好的境地。有人批评如此简体、白本、重排、横排，问题太多。网上甚至有人（网友谭伯牛）写道："一个辽教，一个晋古，都属于'好刻古书而古书亡'的典型案例。"这样的话，当然来自上述鲁迅先生"三厄"的说法。后来，《新京报》采访"新世纪万有文库"古代文化部分学术策划杨成凯先生时，杨先生承认，文库中存在一些问题，但他也引用鲁迅先生《关于翻译（下）》中的话加以反驳："这苹果有烂疤了，然而这几处没有烂，还可以吃的。"那篇采访的题目就是《吃烂苹果有总胜无》。

说一点儿题外话。鲁迅的那篇文章中还谈到"金无足赤，人无完人"的道理，最受毛泽东赞赏。据说在毛逝世的前一年8月，他还让身边的工作人员给他朗读此文，并且用颤抖的手，在《鲁迅全集》的封面上，写下"吃烂苹果"几个字。

俱往矣。如果我们把鲁迅先生的话称为"旧三厄"，对应时下的局面，显然它们的弊端尚未消去；遗憾的是，新的三厄又款款而来。何谓书之"新三厄"呢？

一是白话。这当然是新文化运动的功劳了。近30年，古文今译之风大为盛行，几乎所有的古书都有了白话的本子。且不论译得对错，"今人好译古书而古书亡"，这话总是有道理的吧？不瞒你说，我也组织出版过"中国古代科技名著译丛"，包括《周髀算经》《洗冤集录》《天工开物》等等。

另外，我个人也收藏了不少白话版的古书，其中有三本书自认为最有特点。第一本是"文革"时中华书局版的《论语批注》(1974)，它有三好：标准的索引注释、周到的白话翻译、几乎见不到错字。更值得收藏的是文中的批判词条，读起来能把你气死、笑死、呛死——那水平，那幽默，那政治，绝不是今日之学术明星们可以相比的。比如，"有朋自远方来，不亦乐乎"，批判曰："拉拢来自远方的反革命党羽。""朝闻道，夕死可矣"，批判曰："复古之道，复辟之道。"

第二本是台湾学者孙振声先生的《白话易经》（星光出版社，1981），我存的这一本还是影印的海盗版。它的好，表现在品质上，更表现在台湾民众的国学水平上。第三本是沈玉成《左传译文》（中华书局，1981），书名是沈雁冰题字，全书译得也好。我读此书时，曾与中华书局胡友鸣先生交流，谈到书中关于数术的翻译有不准确之处。友鸣兄说，像《左传》《梦溪笔谈》等横跨多学科的书最难译注，沈先生的译笔已经很难得了，读此书，权作一种阅读欣赏吧。

二是简体。关于此事，一直颇有争议。像《九章算术汇校本》，只能用繁体字，否则还汇校什么！当时东北没有一家印刷厂能排繁体字，最后还是到深圳排的版。后来出版《周一良集》，周先生也坚持全书繁体竖排。中华书局《二十四史》点校本的出版，堪称是一个文化奇观，尤其是《汉书》，如果改为简体字，会是什么感觉呢？李学勤先生主编《十三经注疏》标点本（北京大学出版社，1999），简体横排，真是一件不得了的出版工程。是耶？非耶？反正我很喜欢。为什么？因为读中华书局两卷本影印版的《十三经注疏》，几乎弄瞎了我的眼睛——毕竟人有些老了。

三是网络版。几年前，我还不知道网络版的厉害。当时写《数与数术札记》，做笔记时每天敲字，字库中的古文字又不全，整天累个半死。后来读《五行志》，我手下的一位电子书编辑告诉我，网上什么古书都有。他给我弄来《二十四史》《十三经》《春秋繁露》……真是想什么有什么。我问："这都是谁干的？还不收费！"他开玩笑说："雷锋啊！"东北人哪是活雷锋？网虫们才是活雷锋呢。只要你不怕文中有错误，书目是应有尽有。我且喜且忧，心中却自然地想起鲁迅先生关于"烂苹果"的比喻。

（写于2008年）

两支笔

5年前，王一方先生在《搞出版，一定要读陈原》一文中写道："听钟叔河先生谈出版心得，有一句很私房的话至今记在心头——'好编辑是编出来的，也是写出来的'，戏称'编辑要有两支笔'——蓝笔自娱，朱笔编文。"

我很喜欢钟先生的这个观点。因为编辑做久了，往往会养成一些不良习性，比如眼高手低、嘴勤手懒、思想空洞等等，弄不好还会走向疏远学术文化、埋头于技术性操作以及崇尚极端商业化的道路。那么，怎样才能避免呢？解决此类问题的方案之一，正是一面编书，一面坚持自己写一点东西，即所谓"编辑要有两支笔"。

其实，"两支笔"并不是编辑的专属。按照钟叔河先生的另一个观点，知识分子的身份，也可以根据他们的职业，划分成从事教育、创作和文化传播的三个类型。其中的精英分子，会相应地成为教育家、作家和出版家。但是，我们稍作观察不难发现，这样的职业定义是无边界的，许多文化人都会携着所谓"两支

笔"或几支笔，在这三个
职业之间跨来跨去。一般
说来，在他们的"多支笔"
中，那支"最主要的笔"，
决定着一个人的身份确认。

周振甫

周振甫先生是以编辑
工作为"主笔"的。他从
事出版工作近60年，编了
很多好书。其中最有名的
是编辑钱锺书先生的著作
《谈艺录》《管锥编》《管锥
编增订》，并且为之代拟目录。钱先生在《管锥编》序
中写道："命笔之时，数请益于周君振甫，小叩辄发
大鸣，实归不负虚往，良朋嘉惠，并志简端。"但是，
周先生又是一位勤于笔耕的人，他从第一部著作《班
超》(1935)起步，流年辛劳，亦编亦写，数十年下来，
竟然有50余部著作面世。他的写作文体独特，大不同
于那些正统的学术文章，看上去更像是一篇篇高质量
的"编辑审稿意见"。当有记者问："您一生著述丰厚，
却终年'为人作嫁'，没有成为一位专业学者，不感到
遗憾吗？"周先生淡淡地答道："我是中华书局的编
审。"实际上，周先生始终是把编辑的那支笔放在首

66

位的，即使做学问，做的也是编辑式的学问。所以，与其称周先生是一位"学者型的编辑"，不如说他是一位"编辑型的学者"。

鲁迅先生手中的笔，无疑是以创作为主导的。但是，他手中的另一支笔，却对出版投入了极大的热情。据吴永贵先生整理，鲁迅先生一生中创办过7个出版社：未名社、朝华社、三闲书屋、野草书屋、铁木艺术社、版画丛刊会、诸夏怀霜社；编过9种刊物：《莽原》《语丝》《奔流》《朝华周刊》《萌芽月刊》《文艺研究》《前哨》《十字街头》《译文》；编辑图书76种，丛书11种，自费印行13种，作序跋43种，校阅并介绍出版的40余种，共约2000万字。即使是这样，我们仍然不能把鲁迅先生拉入编辑行列。因为他的编辑活动，是辅助于他的文学创作活动的。后人赋予鲁迅先生许多称号，诸如"文学家""教育家""思想家""革命家"等等，却较少有人冠之以"出版家"，正是此理。

事实上，手执两支笔或多支笔的文化人，并不少见，但最终将创作、教育和出版三大职业一并做到极致的人，却很少见。比如，上面谈到的鲁迅、周振甫二位先生，都未能做到这一点。不过，有一个人做到了，那就是叶圣陶先生。叶先生是一位集教育家、文学家和出版家于一身的人。他为学生编写教材，还创作了丰富的文学作品。他从商务印书馆、开明书店一路走来，直至人民教育出版社。他一生都热爱教育，一生都没有停止写作，一生都没有离开过出版。尤其值得称赞的是，在叶先生那里，教育、创作与出版三个职业是平等的，他把它们建筑在同一个文化平台上，一视同仁。我觉得，这就是叶圣陶先生成就人生伟业的基础。

在这里，我之所以特别强调"一视同仁"，是因为在许多文化人的眼中，出版的地位是比写作和教育的地位相对低级的。编辑毕竟是一件苦差事。且不论"为人作嫁"的辛酸，出版职业的基本特征，往往会使编辑队伍出现博而不专甚至疏远高雅文化的倾向。如果再染上满身铜臭气，编辑的职业形象，就会陷入更为不堪的境地。

叶圣陶

当年胡适先生是很尊重出版的。他在1921年日记中写道："得着一个商务印书馆，比得着什么学校更重要。"虽然他不肯投身出版行业，依然做他的教育家、学问家与作家，但他没有说挖苦的话，只是解释说自己没有出版经营与管理的才能。

　　巴金先生在创作之余，曾经组建文化生活出版社。据记载，他的这一次"投笔从商"，只是为了扶助新人，出版严肃文学，维系文化血脉等。为此他招惹不少麻烦，有人攻击他"为了钱，放弃了创作"云云。1944年，巴金在《憩园》的"后记"中写道："我开始写这本小说的时候，贵阳一家报纸上在宣传我已经弃文从商。我本应该遵照那位先生的指示，但我没有这样做，并非因为我认为文人比商人清高，唯一的原因是我不爱钱。"显然，在职业态度上，巴金先生是明确地站在"创作"一边的，至于"出版"，他只是"出于其他目的"的客串，"串"过之后，就又回归他的文学创作了。放下这段"历史是非"不表，单是争辩双方在有意与无意之间表现出来的对"出版"的轻蔑态度，就足以让那些怀有文化理想的编辑们感到寒心了。当然，这段往事也提醒我们的出版同仁，我们应该珍惜自己的名声，更应该珍爱自己赖以生存的行业。

　　行文及此，想到一件小事。那天我与几位朋友聊天，说到文化人如何喜欢"两支笔"或"多支笔"，说到"两支笔"如何有益无害。一位喜欢"抬杠"的朋友反驳说，也不尽然。比如善于取巧的人，尽可以握

着"两支笔"，做编辑中最好的作家，做作家中最好的
编辑，云云。闻此言，我心中暗自骂道："臭小子，怎
么心理如此阴暗！"

（写于2009年）

品三国，也品美国"制宪记录"

　　自2005年在央视"百家讲坛"品三国以来，易中天名声大振。赞扬之声居多，不然也不会引来反对者的关注。作为出版人，我们如何看待他呢？沈昌文曾对我说："易的工作让我想到西方的房龙。上世纪80年代三联出版《宽容》，我当时就想，当代中国要是能有几位房龙式的作家该多好。"

　　房龙写过很多通俗作品，仰誉世界。上世纪20年代，曹聚仁第一次读到《人类的故事》（即《宽容》）。后来他说："这50年中，我总是看了又看，除了《儒林外史》《红楼梦》，没有其他的书这么吸引我了。我还立志要写一部《东方的人类故事》。岁月迫人，看来是写不成了；但房龙对我的影响，真的比王船山、章实斋还深远呢！"林微音译房龙《古代的人》，郁达夫在序中写道："实在巧妙不过，干枯无味的科学常识，经他这么一写，读他书的人，无论大人小孩，都觉得娓娓忘倦了。"《宽容》是房龙的成名作，它开篇引叙马库斯的话："我们为何不应和平、和谐地相处呢？"后来，河北教育出版社推出房龙的十余部作品，其中也包括

《宽容》，名字译为《人类的故事》。

从易中天的工作中，我也想到一个人——南怀瑾。他的书不用介绍，早就火得妇孺皆知。他写于1976年的《论语别裁》，在台湾再版18次。上世纪80年代，复旦大学出版社引进此书，一位复旦的知名教授送我一套，他还解释说："这不是学术著作，但挺好看。"我明白他的意思，此类书是不被学术委员会承认的。

房龙—南怀瑾—易中天，一段自作多情的联想，权作几个出版人的一点文化期待吧。

以上说的是本文标题的前一句，现在说后一句。2007年1月31日，《中华读书报》刊载尹宣文章《易中天先生，如此'著书'当否？》，引起我的注意。但是我最先注意的不是易中天，而是我们熟悉的尹宣。早在1996年，沈昌文就把他介绍给我们，说他是好得不得了的美国问题专家；后来，我们接受了他的译作《辩论：美国制宪会议记录》(麦迪逊著)。这是一部公认的经典著作，稿子刚一到手就好评如潮，李慎之、资中筠、徐友渔……一串的专家都送来赞扬之声，甚至主动要求为之写评论、推介文章。我们把它列入辽宁教育出版社"万象书坊"中，与《甘肃土人的婚姻》(费孝通、王同惠译)、《埃斯库罗斯悲剧集》(陈中梅译)、《从苏联归来》（郑超麟译）等著作比肩。因为，我们知道它在美国制宪史中的分量，也觉得百废待兴的中国需要了解、借鉴这些东西；我们更知道这不是一部简单的译作，尹宣为之投注了巨大的精力和智慧。他为了翻译这部著作，先是花费了4个月的时间翻译《美国宪法》和截至1992年的27条修正案。他说："有些句子的结构，有如九曲连环，有的关键词，不仅有前置的限定词、后置的限定短语，有时还拖上不止一个后续的限定分句或条件分句。"后来尹宣读到李昌道的《美国宪法纵横谈》，知道复旦大学法律系已经收集到国内先后出现的12种《美国宪法》的译文，并据此译出他们的第13种译文。这是多么让人感动的学术精神。还有，尹宣为了让读者清楚地看到当时制宪代表对于《独立宣言》的种种争论，他也重新翻译了《独立宣言》，"把引起争议的原文注出，作为本书的'附录一'"。总之，译者类似的精心工作在书中随处可见，许多章节的注释文字远远多于正文，有些页面的形式，几乎让人想到《十三经注疏》。难怪尹宣说："《辩论》汉语译文初版，只署'尹宣译'，再版时，要改成'尹宣译注'：我为此书写了600多条注释，构成上下两本书的格局；'注释'是此书的重要内容，占有相当篇幅，说明以示负责。"

2003年，一部经典的学术译著产生了。尹宣骄傲地说："麦迪逊的作品是经典，是精品，我译时，认定它难以畅销，但必定常销，只要能在智者之间渐行渐远，哪怕藏之名山，也会存之久

麦迪逊：《辩论：美国制宪会议记录》
尹宣译

远。"他的判断很对。就在我写此文时，恰好一位年轻的法学博士来聊天，他看到我的办公桌上摆着《辩论》，感慨地说："前些天同学聚会，还有人惊叹，辽教社竟然会出版这样的法学名著！"

再回到尹宣发表于《中华读书报》上的那篇文章。不久前，尹宣果然发现了期盼中的"智者"，他就是易中天。2004年，易先生说："令人高兴的是，2003年1月，辽宁教育出版社出版了由尹宣先生翻译的'美国宪法之父'詹姆斯·麦迪逊所著《辩论：美国制宪会议记录》一书。麦迪逊的这部《辩论》记录了1787年5月

25日至9月17日制宪会议的全过程，自始至终，一天不缺；尹宣先生的译笔又好，且注释极为详尽，因此读来不仅欢快流畅，而且惊心动魄，受益良多。"闻此言，原本大家都会高兴——尹宣高兴找到知音，出版社高兴有人赞扬我们的工作，读者高兴有好书可读。但事情没有那么简单，因为易先生的这段文字见于他的一部著作的'后记'。他接着写道："所以我实在忍不住要把这个故事重讲一遍，以便有更多的人来分享这种感受。重讲的原因，是因为尹宣先生翻译的这部《辩论》，不但是研究美国宪法和历史的重要文献，而且是一部标准的学术著作，阅读起来并非没有一定难度……我一贯认为，学术是一种好东西，好东西就应该有更多的人分享；而要让更多的人分享，就只能换一种表述方式。这就是我写作本书的初衷。我想把这段过程，写得像侦探小说或者电视连续剧一样好看。当然，为了忠实于历史，我不能不大量引述《辩论》中的材料……即制宪代表所有的发言，均引自尹译本《辩论》一书……我希望这并不至于侵犯尹宣先生的著作权。"

不知情的读者一定会问：这是易先生的什么作品呢？我一句话也说不清楚，因为此书从2004年出版至今印了三次，大约用了三个"名字"：《艰难的一跃——美国宪法的诞生和我们的反思》(山东画报出版社，2004年第

75

1版)、《美国宪法的诞生和我们的反思》(山东画报出版社，2005年第1版；换了封面和书号)、《我们的反思》(山东画报出版社，2006年第2版；换了封面与开本；在封面上，"美国宪法的诞生和"变成了小字，其实与2005年版同名)*。此事看上去有点儿乱。首先不悦的是尹先生，他说："不少朋友劝我做个缩写本，把译文和注释中的重要内容，浓缩拉顺，讲个好故事……没想到易中天先生是个快手，招呼也不打，捷足先登，就著起《美国宪法的诞生》来。"今天谁都知道易先生是讲故事的高手，尤其善于运用现代语言解说古代的事情。他的这一套当然也用到"美国制宪故事"中，诸如"老革命遇到新问题""费城不是梁山泊""摸石头过河""婆婆媳妇论"，还有"半路里杀出个程咬金""连环扣与防火墙"云云。更有甚者，为了"通俗"，还出现了"防官如防贼"的奇论。对此，一贯举止文雅、谈吐极其讲究的尹宣如何受得了。他气愤但依然文雅地批评易中天的书："议论部分，往往信口一开，各种各样的时髦新论，便从嘴里流淌出来，令人叹为观止。"他的风度，让我想起当年在农村见过的一位很有文化修养的右派，他娶了一位农妇为妻。一

---

* 广西师范大学出版社亦于2008年4月出版易中天先生《费城风云：美国宪法的诞生和我们的反思》(插图增订版)一书。——编者注。

次他们发生争吵，农妇破口大骂，右派只会说："你看你那个小样儿，两只手白白的。"

再想想，易中天、尹宣都没乱，他们都在坚持自己的理念。我们却有些乱了。我想到当年续写《红楼梦》的人，高鹗还算"可以接受"，其他就多如牛毛、湮没无闻。当代续写、改写、解读的事情经常发生，比如李欧梵续写张爱玲《倾城之恋》名曰《范柳原忏情录》，也是由辽教社出版；注释钱锺书《围城》的官司亦曾轰动一时。如今"品读"一词有些出新的味道，让我们想到房龙、南怀瑾，也听到尹宣文绉绉的声音。他引韩愈的话说："闻道有先后，术业有专攻……担心的就是根底不足的人，随意改编，弄得不好，通俗很容易流为庸俗，要是抵不住哗众取宠的诱惑，搞些不三不四的类比，发些似是而非的议论，可能堕为媚俗。精品可能变成赝品。"于是，法律、道德、学术种种问题都纠缠在一起。

可以说，在形而上的层面上，这是"通俗化"与学术的一次"亲密接触"，只是拥抱时有些冲动和用力过猛，不小心撞到了"大家闺秀"的额头，让人家痛得几乎落下泪来。

（写于2007年）

一位智者，让我们陷入失语的窘境

前不久，我的一部新著《一面追风，一面追问》出版。有一家媒体报道此事，文中称我为"编辑家"。看到这样的"溢美之词"，本来是应该高兴的。然而，它却使我想起一件让人尴尬的往事。

那是在上世纪末，三卷本《陈原语言学论著》在辽宁教育出版社出版。为此，我们请陈原先生来沈阳讲座。我们向听众介绍主讲人的时候，用了一句"陈原先生是一位大编辑家"的话。听到这句话，陈先生微微一怔，欲言又止。我觉得其中有问题，恰好我正在翻阅《陈原语言学论著》的目录，突然看到"编辑／编辑家"的条目，陈先生写道："编辑是一种人，又是一种工作。编辑即是人，则不必加'家'。作家、画家、作曲家、文学家、科学家——称'家'。司机、教师、出纳——不称'家'。"读到这里，联想到刚才的介绍，又想到以往我似乎也有过"编辑家"什么的乱说，不觉脸面上浮出一缕绯红。

今天回忆起来，在我多年的工作交往中，最让我敬畏的前辈，当属陈原先生了。说到"畏"，还要从沈昌文先生的一封信说起。那是在2001年初，我们从美国兰登书屋、麦克米兰等出版公司引进一批外文工具书，拟定在国内出版。为此，我们一位刚刚入道的小编辑给沈先生写信，请他推荐一些国内的翻译专家，信中有一句"请您告之一些工具书作者"云云。对于这句话，沈先生在回信中指出了两点错误或曰不当之处。沈先生说："其一，看来你不熟悉我们这行的行话。我们在进行实务时，作者（意思同著者）、译者、编者是三个意思，指不同的三类人。我猜你要找的是译者，不是作者或编者。其二，要知道，在文化人中这么用'告之'一词很'丢份'，太学生腔了。"接着，

沈先生写道："干我们这行，写信等于是'亮相'，必须词斟句酌，不然得不到别人的信任。你们以后又偏偏要多同语言学家打交道，所以不能不慎之又慎之。请原谅我对你们有点倚老卖老。何况我也是陈原这些老长辈这么带出来的。"然后他向我们推荐陆谷孙、侯焕闳、谢翰

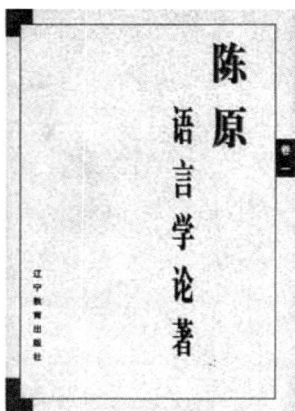

《陈原语言学论著》

如等专家，组成了一个优秀的翻译团队。

读到沈先生的信，我的口中不断地赞道："真是一个好老头啊！"心里却胆怯起来，甚至得了一种"写信恐惧症"。因为在后来的交往中，沈先生不断地强调，他的"这一套功夫"是从陈原先生那里学来的；他还特别提到，陈先生对于我们辽教社一干人马的信件文字也有评价。沈先生经常叹道，追求文字的尽善尽美真是太难了。比如《读书》，无论你如何精雕细刻，到了吕叔湘、陈原手上，还会列出一大堆错误。真是防不胜防啊！听到这些话，我再想写信时，怎么会不胆怯、不畏惧呢？不怕你笑话，那些年我们与陈原先生交往不少，我却从来没有给他老人家写过一封亲笔信。不是懒惰，实在是被语言学家的目光吓着了，出现了类似"失语"的征候。

记得几年前，陈原先生离开了我们，人们给他冠上一大堆称号，有"导师""出版家""语言学家""翻译家""文化启蒙的殿军"等等。我最喜欢的称号，却是董秀玉先生的评价——"他是一位智者"。正是他的智慧，不断地提醒着我们这些摆弄文字的人，切不可妄自托大，否则一不小心就会落入语词的密林中，迷失方向。比如，我还以本文开头时的那段故事为例。本世纪初，某出版社推出了一本极好的译著，题曰

《编辑人的世界》。我非常喜欢此书，甚至还在一次大型的选题会上，向许多社长、编辑们强力推荐过。但是，看过上面的故事之后，你立即会发现，这部译著的名字也犯了陈原先生说到的错误。其实原著的题目是 *Editor on Editing*，译为"编辑的世界"就已经很好了。可能是译者觉得不够劲儿，凭空加上一个"人"字，无意之中便陷入了蛇足的境地。以此推论，如果那位作者再写一本《记者的世界》，我们是否需要译为"记者人的世界"呢？

此例提醒我们，创新是一件好事情，但创造"新语词"却要慎之又慎。陈原先生曾经对新语词作过认真的研究，并且给出了导入新语词的四个条件，即必需、规范、准确和上口。但是，一般说来，生造词总是一件危险的事情，运用所谓"推陈出新"的手法似乎更好些，也更见作者文法的功力。用陈先生的话说，有旧词可用，就不必再引入新词了，汉语的词汇量已经够多了。

当然，旧词的转用也要小心。用好了功德无量，用不好就会陷入歧义或错误的泥坑。比如"报人"一词，既与英文newspaperman相对应，又含有中国历史文化的沧桑感。从张季鸾、邵飘萍一直到黄裳，一条线下来，真的可以使后人从这个职业中汲取到许多传统与传承的力量。再如"书人"一词，我在10多年前写过一篇文章《不尽奇缘在书人》，试图用"书人"替代"编辑"一词，用以显示自己作文的新意。后来读陈原先生的《书和人和我》才知道，"书人"一词也是有来头的，它是陈原先生对英语bookman的硬译。陈先生说，在莎士比亚时代，这个词指的是学者或学人，经过几百年沧桑，词义逐渐扩大，连出书的、编书的、卖书的——总之与书沾边的人，都包括在内了，只是不包括焚书的人。我读到陈先生的这段文字时，被"书人"一词丰厚的文化背景吓了一跳，心中自嘲道：多亏这里面不包括"焚书的人"，否则那篇文章的题目就有"不尽奇缘在焚书人"的歧义了。

（写于2009年）

美妙的乌托邦，丑陋的乌托邦

　　早在上世纪80年代，美国人尼尔·波兹曼宣称：美国社会患上了一种不治之症——"文化艾滋病"。这种疾病正在发作，导致美国文明的倒退，逐渐回到"野蛮世纪"。目前人们还没有找到治疗的方法，因为此"病"不像独裁者和专制主义那样容易辨认且遭人厌恶，它往往是满脸笑容向我们走来，使致病者毫无知觉或心甘情愿地受其感染，最终因大笑过度而力衰身亡。这种疾病是由两种病毒引起的：一是电子传媒，再一是以电子传媒为载体的极端娱乐化倾向。

　　为了阐释"病毒"的危害，波兹曼写了许多书。其中有两本书，光是题目就让美国人震惊，甚至让整个世界震撼。一本叫《童年的消逝》(1982)。他在书中宣称：以电视为标志的电子媒体，已经使美国社会丧失了"童年"，而"童年"的消逝必然导致美国文化的衰落。另一本叫《娱乐至死》(1985)。他在书中更是大声疾呼：电视将人类社会全面地娱乐化，人们在欢笑中不再思考，日渐丢掉了精神和思想。《娱乐至死》的封面就让人深思：一家四口温馨地围坐在电视机前，他们只有身躯，没有脑袋。

先说"童年"的问题。波兹曼的"童年"定义在7～17岁之间，但他的述说不仅涉及生物学的范畴，更是一个文化学的概念。他对"成年"与"童年"的定义非常奇特：成年是有阅读能力的人，童年是没有阅读能力的人。而社会性的阅读，只是在活版印刷术发明之后才成为可能。其实早在11世纪，中国的毕升就发明了活字印刷的技术，只是他的"活字"是用胶泥制成的；15世纪初，朝鲜已经有了金属活字。但这项技术并没有得到广泛的应用，正如波兹曼所比喻的——他们造出了"魔鬼"，"魔鬼"醒来后却发现这是一个错误的时间和错误的地点，便倒头又睡去了。不过15世纪中叶，当西方人古登堡发明活版印刷术后，欧洲文化便蜂拥而上。在不到50年的时间里，欧洲的100多个城市拥有了印刷机，印出800多万册书；在不到100年的时间里，欧洲已经由中世纪的"全民文盲"，迅速达到50%以上的男性识字率。于是，阅读有了新的意义。一般说来，成年人的阅读是开放的，未成年人需要通过识字与阅读的学习，成长为一个成年人。就这样，阅读将文化意义上的"成年"与"未成年"划分开来，"童年"的概念也产生了。你可能要问："难道15世纪以前，欧洲社会结构中就没有童年吗？"波

兹曼说："是的，现代意义上的'童年'，只有400年的历史"。(到上世纪80年代——笔者注)

当然，仅靠"识字"来构造"童年"是不够的，文明社会还需要通过控制阅读内容，来保持童年的生命力。也就是规定一个儿童应该知道什么，不应该知道什么，或者说，儿童对于成人的行为的了解，应该有一个顺序。比如，我们首先要对他们进行名誉感的教育，然后让他们逐渐知道社会的复杂性；再次，我们要对他们进行羞耻心的教育，让他们学会对"原始冲动"的控制，然后才让他们知道更多与性相关的秘密。总之，童年存在的重要基础是对成年的神秘感与敬畏感，正如成年人的另一个定义——所谓"成年"，就是生活中的一切谜(尤其是性)都已经解开了。如果童年就与成年一样没有秘密，或自发地、不分先后地、随意地解开这些"谜"，这在生物学和文化学的意义上都是危险的，同时必将埋葬人类的童年。

怎么办？波兹曼是"纸制书阅读"的崇拜者。他认为，"纸制书"是最好的媒体，它既解放了人的个性，同时书籍"有限传播"的属性，也可以做到对未成年人阅读内容的控制。在学校和家庭中，规定他们应该读什么，不应该读什么，从而实现知识与成长的良性结合，划清成年与童年的界限。

如果西方文化按照波兹曼的描述走下去，产生于16世纪的"童年"是不会消逝的。但是19世纪中叶，情况发生了变化。随着人类第一封电报的发出，电子媒体诞生了。它是"第一个使信息传播速度超过人体速度的媒介"，同时也宣告了"纸制书"一统天下的时代的结束。接下来的100年，是电子工业和信息技术大炽的时代，尤其是电视的出现，迅速地化解了波兹曼的分析。首先，"识字"不再是认知的屏障，什么人都可以津津有味地坐在电视机前认真地"阅读"，品头论足。正如萧伯纳看到百老汇五光十色的灯光时所言："如果你不识字，这灯光无疑是美丽的。"其次，对未成年人阅读内容的限制也不攻自破，电视肆无忌惮地揭开了成人所有的文化秘密。比如，出身好莱坞的罗纳德·里根从来没写过文章，也没有什么思想体系，但在电视上，那些傻乎乎的政治家根本不是他的对手。他甚至在大选中公开说："政治就像娱乐业一样。"这样的政治还有什么名誉感可言？至于性问题就更加混乱了，诸如"请不要走开，广告之后我们谈一下乱伦的问题"一类的话语，几乎成了美国电视上的口头禅，"它使美国人长期处在性亢奋的状态，并且强调性满足上的平等主义"。波兹曼气愤地说："忏悔室里的交流，都恬不知耻地成为公开的话题。"就这样，电视摧毁了美国人的"童年"。如果说，这种"消逝"还只是在文化学的意义上，那么波兹曼还发现，在生物学的意义上，"童年"的概念也在萎缩。在近100年里，美国女性的青春期每10年大约提前4个月，也就是说，1900年女性初潮期平均年龄是14岁，而1979年就是12岁了。这难道与同时发生的"信息技术革命"是巧合吗？

童年消逝了，问题接着进一步恶化。出版《童年的消逝》3年后，波兹曼在《娱乐至死》一书中，又发出更为恐怖的预言：信息技术革命所带来的副作用，不但使美国人丢失了童年，还将使他们丢失全部思想和精神的生命。这本书的写法，不再像《童年的消逝》那样观照历史与文化的流变，不再条理清晰地沿着理性的路径娓娓道来。在冲动的情绪下，波兹曼列举了大量的例证，用以说明一个道理：电视只有一个声音——娱

波兹曼：《娱乐至死》

乐的声音。它外在的因素是商业化与收视率，内在的因素是电视本身的表现形式就是一种以娱乐为目的的文化。由于我们在没有认清电视的本质的时候，就试图利用电视的娱乐功能辅助于各行各业，结果却纷纷落入娱乐化的圈套，被转化为娱乐的附庸，大量的"文化悖论"被衍生出来。比如，新闻的价值取决于它带来多少笑声，因为"只有娱乐才有新闻"；尼克松"水门事件"的暴露，是因为他的电视形象太像一个说谎者，引起了人们的疑心；一个播音员因为长相不好影响了收视率，结果遭到解雇（波兹曼说，他由此想到，在野蛮社会中，带来坏消息的人将被驱逐或杀掉）；一个人的心脏手术在50多家电视台直播，事后记者问："你不害怕吗？"患者答道："他们绝对不可能让我在电视上死掉。"1984年，有人拟花费2.5亿美元把《圣经》拍成225小时的节目，搬上荧屏；1983年，电视直播耶鲁大学的毕业典礼，邀请电视脱口秀名角主持，而当一位好莱坞明星出现时，"那巨大的欢呼声足以把当地的死人吵醒"；今天总统竞选的电视辩论，与当年林肯和道格拉斯的经典辩论根本不可同日而语。里根在与弗里茨辩论中说了一个很俏皮的笑话，第二天许多报纸都说——"里根用笑话击败了对手"。面对这些怪现象，波兹曼更气愤地说："在这里，一切公共事务形同杂耍，文化已经变成了一场滑稽戏。"所以当欧文·柏林的歌中唱道"没有哪个行业能像娱乐业"时，波兹曼恶意地讥讽道："只要改成'除了娱乐业没有其他行业'，他就会成为像赫胥黎那样的先知了。"

此时，波兹曼提出了一个更为惊人的政治预言：美国正在不自觉地跌入一个赫胥黎式的"乌托邦社会"。这个赫胥黎是《天演论》(严复译)的作者托马斯·赫胥黎的儿子阿尔都斯·赫胥黎。"乌托邦"的概念并不新鲜，它是人们空想的美好的社会形态。柏拉图的《理想国》是乌托邦的先声，而摩尔的《乌托邦》(1516)则开创了这一独特的文学题材的写作。但空想终归是空想，它的现实意义是模糊的。上世纪初，情况发生了变化，一种"负面乌托邦"(又称"反乌托邦""非常乌托邦")的文学创作诞生了，它所阐释的是一些"美好空想"带来的社会灾难，引起了社会学家极大的关注。波兹曼也试图在这里找到灵感和依据，说明美国文化行将衰落的道理。他列举了两种"负面乌托邦"的形式：一是奥威尔在《一九八四》(1948)中描述的极端专制主义社会；再一是阿·赫胥黎在《美妙的新世界》(1932)中描述的极端科学主义社会。波兹曼的结论是：专制是丑恶的，它试图建造的"文化监狱"是容易辨认的；况且奥威尔预言的"一九八四年"已经过去，它起码没有在美国发生。即使发生，"在弥尔顿、培根、伏尔泰、歌德和杰弗逊这些前辈的精神的激励下，我们一定会拿起武器保卫和平"。但赫胥黎的预言就不同了，他描述的"技术至上社会"到处莺歌燕舞：人不再自然生育，而是通过技术人员孵化出来；"孵化人"是完美的，男性牛高马大，女性弹性十足，他们不必生育，没有婚姻，也不允许有专一的性伴侣；他们不会生病，心情不好时吃一种"解忧丸"，就立即欢快起来；人们不惧怕死亡，因为他们从小就接受"安乐死"的教育；他们运用科学手段进行"睡眠教育"、巴甫洛夫式的教育，一个观念会千百次地在受教育者的脑海中重复。许多词汇在这里消失了——"父母""夫妻""爱情""痛苦""放荡"，思想、艺术、宗教、家庭、情绪和各种人性、文化的差异都荡然无存。尤其是"死亡恐惧"也消失了，

奥威尔：《一九八四》

90

从而导致人类失去了追寻文化精神的原动力，同时，人与其他动物的区别也随之消失。

这是一个"美妙的新世界"，它的美妙之处就在于：它与奥威尔预言的专制主义社会同样危害人类文化，但它采取的手段却更高明，不是监狱，而是欢乐。波兹曼指出，美国社会正在向赫胥黎式的乌托邦逼近。人们的"解忧丸"就是电视，它带给我们无限的娱乐。教育手段也是类同的，"一个40岁的美国人，已经收看了超过100万条广告"，而广告的手段大多是"伪寓言式"的：一对夫妇的衣服没洗干净，是因为他们不懂科学，没有选择技术更好的洗涤剂；他们受人奚落，于是忏悔，赶紧改过，于是绿草茵茵，遍地花开。娱乐之中，科学主义得到进一步的神化。就这样，美国向赫胥黎式的乌托邦社会一步步走去，没有斗争，只有笑声。因为"我们听不到痛苦的哭声，那又同谁去战斗？同满脸堆笑的娱乐吗？"

关于波兹曼的悲观主义情绪，中国的有识之士久已关注。关于"负面乌托邦"的问题，早在1979年，李慎之、陈翰伯、陈适五、董乐山等人就已经组织并译出《美妙的新世界》《一九八四》，刊登在《编译参考》上。其实这两部名著均属于"负面乌托邦三部曲"，另一部是扎米亚京的《我们》（1921）。还有一种"负面乌托邦四重奏"的说法（沈昌文语），即上述三本书，再加上费奥多罗夫的《共同事业的哲学》（1906~1913）。这4部书有3部已经在辽宁教育出版社"新世纪万有文库"中出版，只是《美妙的新世界》因为"文库"的夭折而未及面世。今天，它的清样还放在我的案头上，卢珮文译，其中有李慎之先生的序言《为人类的前途担忧》。现在此书已经有很多版本面市，题曰《美丽新世界》。可以说，为了客观地认识波兹曼，读一些背景性的文字是必要的。

对《童年的消逝》《娱乐至死》，我国学者也有一个追踪的过程。它们的中文版出版人严搏非回忆说，他早就听说波兹曼和他的著作，从1997年开始就寻找这两本书的版权，直至2004年才实现出版的愿望。但是，2003年10月波兹曼去世时，学者刘擎说："他辞世的时候，我不曾读到任何中文的报道。在美国也有学者抱怨，说他的死讯没有得到应有的关注，因为当时的传媒正热衷于施瓦辛格竞选州长的戏剧性进展。这对波兹曼来说可能并不是遗憾却反倒是安慰，因为这恰恰验证了他的理论。早在1985年，他在《娱乐至死》一书中就曾预言，政治竞选将越来越多地采用好莱坞的娱乐模式，而传媒将蜂拥而至。"

我想，我的文字以及所讨论的问题，显然不会给读者带来笑声。但是，我的耳边却不断地回响着波兹曼的声音："人们感到痛苦的不是用笑声代替了思考，而是他们不知道自己为什么笑以及为什么不再思考。"

（写于2007年）

山谷间，飘来几只缤纷的彩蝶

今年，科学出版社出版一套科学文化随笔集6册，名曰"火蝴蝶文丛"。看到书名，我的心里自忖着：真是难为几位科学文化人，竟然聚合在这样一个"类言情"的丛书名下！当然，幸好没有"鸳鸯"，否则一定会招来那些科学主义者的唾骂，说他们是"反科学""伪斗士"什么的，听起来就让人发抖。

有什么办法呢？文丛的主持者江晓原、刘兵两位教授，从来就不是循规蹈矩的人。比如江先生，他的第一部学术专著《天学真原》是由我出版的，这也是他早年的成名之作。江先生用功最勤，涉及领域极广，处处异响旁出，不落窠臼，《天学真原》即为一例。这本书为"国学丛书"之一部，当初我们在开列学科目录时，请他撰写"古代天文学"。他当即指出，"天文学"是一个科学概念，对中国文化而言，它不足以概括古人天象研究和活动的全部内容。所以他提出，应该将此科目改称"天学"，以求更全面地揭示历史之本来面目。此"一字之差"引导了一代学术新风，也是《天学真原》被誉为学术经典的重要因素之一。由此也

江晓原：《天学真原》

可以看到江先生不囿成见、不讳观点的性格。

刘先生也不是安分之辈。记得在1987年夏天，我以出版人的身份，到厦门大学参加一个科学史会议。会上见到一些年轻学者，他们许多还是研究生，刘兵就是其中之一。那一群人很有朝气，时而在厦大美丽的校园内飘来飘去，时而在会上与前辈们争论不休，招来一些老学者的侧目。我隐隐约约地觉得，刘兵是他们自发拥戴的"头儿"。后来我们有信件往来，知道他成了"超导史研究"的专家，并且不断有新见解、新成果推出。1990年，我们出版"国学丛书"，其中江晓原的专著《天学真原》竟然请年轻的刘兵作序，而且那序写得真好，其中阐释"辉格解释"的理论，在学术界轰动一时，我也从中受益匪浅。我还专门写过一篇文章《我记得，这三篇文章或书》，回忆当年读《天学真原》和刘兵序时的感受。我由此认定，江刘二位都有不小的才气，且气味相投。

近年来，在我的阅读视野中，江刘二位愈发"不规矩"了。他们在《文汇读书周报》开了一个专栏——"南腔北调"，一开就是4年，用对话的方式一唱一和，你一句我一句，也就愈发不像文章了。不过，我时常听说，他们在学术圈里正在推动着一个重大的科学文化问题的讨论，问题的滥觞也与《天学真原》有一些关联。偶然见到江晓原，我有意问他近况如何，他却用一贯潇洒的态度说，大量时间都用在淘碟、看碟上。闻此言，我还有些不解。因为在我的观念中，只有那些闲居的人、无聊的人、多愁善感的人、事业不顺利的人等等，才会做这样的事，"浪费"自己的时间。他却表情诡异地解释："是啊，有些时候，时间就是用来浪费的。"（吴燕语）

这次翻阅"火蝴蝶文丛"，我才豁然醒悟，原来江刘二位的行为都是围绕着一个大背景展开的，那就是关于"科学主义"的讨论。这是一个很学术的问题，在中国，有几个阵营都为此拼杀着。他们究竟拼杀什么呢？近现代以来，由于科学技术给人类社会带来的飞速发展，人们便产生了"科学崇拜"的观念，觉得科学是一贯正确的、一贯美好的，我们的一切事情都需要用科学的尺子量一量，包括历史的、现实的和未来的，合乎标准的是好的，否则就要从人类文明中剔出去。像中医学，它的知识体系明显地不符合现代意义上的科学的范式，所以"五四"以来，随着"赛先生"的强势，"废止中医"的呼声一直就没有停止过。

针对这种现象，"火蝴蝶文丛"的6位作者站在"反方"的立场上，坚决反对"唯科学主义"的观点，努力阐释着"科学崇拜"对于人类社会的严重危害。纵观"火蝴蝶文丛"的思想体系，他们共同的知识背景是"科学哲学"，阅历的相似性与认识的一致性，使他们彼此的论述丝丝相扣、首尾相连。另外，6位作者文化好恶、学术风格、思维走向等诸方面的差异，又使他们的写作表现出丰富的多样性和个性情怀。因此，当我通读"火蝴蝶文丛"的时候，脑海中自然地展现出"和而不同"的思想坦途。

在书中，江晓原讲述了这样一个场景：今

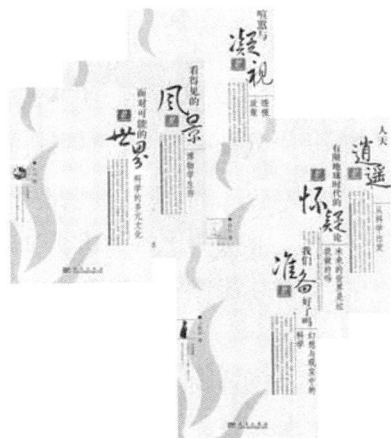

火蝴蝶文丛

天科学技术的高速发展，就像一列特快列车一样风驰电掣。我们坐在上面，开始是快乐的，如同《泰坦尼克号》中站在船头迎风展臂的那对青年男女。但人们逐渐地发现，我们对于这列"特快列车"的车速和方向都没有任何的了解和发言权，也没有控制权，列车越跑越快，窗外的景色令人眼花缭乱，我们只能茫然地坐着，就像被劫持的人质一样（江晓原《我们准备好了吗：幻想与现实中的科学》）。细细思想，那场面是极其恐怖的。怎么办？

在书中，文字优美而充满激情的田松无意间作出了回答。"无论如何，我们首先要做的应该是停下来；至少，我们应该慢下来"，"让我们停下来，唱一支歌吧"。他甚至写道："本书献给我的女儿田知雨。我悲观地预言，人类文明的最后阶段会在她这一代降临。希望她这一代的人类能够停下疯狂的脚步，找到新的生活方式和意义，并为之歌唱。"（田松《有限地球时代的怀疑论：未来世界是垃圾做的吗？》）可是，面对当下科学技术的强势，田松的呼号有用吗？怎样才能使科学技术的"特快列车"停下来呢？

在书中，当中国科学院于2007年2月发出《关于科学理念的宣言》时，刘兵赞扬它的进步意义。比如其中说，当科学技术的研究产生负面作用的时候，科学工作者就要自觉地"暂缓或终止相关研究，并及时向社会报警"。有的科学家不理解，认为科学研究是崇高与自由的事情，不应该受到限制。刘兵说，《宣言》中的一些限定，"恰恰是关于科学家的社会责任感和很基本的社会伦理的标准要求"（刘兵《面对可能的世界：科学的多元文化》）。其实刘兵正是在说明，我们起码已经开始了使那"失控的列车"停下来的努力。

写到这里，读者可能会问："你不是说江晓原在淘碟、看碟吗？"噢，是的。但江先生看的影碟集中在"科幻电影"上，他一年看了100多部，两年之内看了数百个小时。他的这本书就是围绕着影碟的内容展开论述的，他在影碟中读出了许多新鲜的认识和尖锐的学术问题。首先，西方的"科幻"比我们的定义宽泛得多，其中包含着魔幻、玄幻、通灵、惊悚等许多内容。其次，科幻也不同于科普，前者是以幻想为主，后者是以科学为主。其三，西方的科幻中充斥着大量的所谓"伪科学"的内容。在观众眼里，科学历来就有些乏味，伪科学却常常让人兴致勃勃，是最受导演青睐的影片题材，其"幻想"的价值也不容低估。其四，中西文化比较，江先生发现，在中国的传统之中，除了《阅微草堂笔记》中"惨绿袍"的故事之外，几乎见不到描写恐怖的作品。其五，江先生还发现，在儒勒·凡尔纳之后的近百年间，西方的科幻作品几乎清一色都持有一种科学悲观主义的态度，几乎所有的故事都是围绕着"科学狂人"和"科学对于人类和自然的危害"这一类主题展开的。即使是丹·布朗那样伟大的作家，他的思想主题依然是将天使对应宗教，将魔鬼对应科学。其六，有些幻想也不能轻易地判定为"伪科学"。《羚羊与秧鸡》中描述的"器官动物"，比如猪身上可以长出6个肾，鸡没有头，可以在同一处长出12份鸡胸脯或12份鸡腿，类似的动物，今天的科学家不是已经创造出来了吗？

更让我震动的是，江晓原通过淘碟、读碟，重新定义了一个文化人的行为和知识结构。蒋劲松博士给江晓原的信中写道："给大家开个'必看影单'。这实际上可能是要改变大家心目中所谓'读书'的概念，不仅要读书，而且要读图，还要'读影'，这才是当代文化人全面的文化修养。以至于以后，没有看过经典科幻影片的人和没有读过《科学革命的结构》的人一样，都属于缺乏基本素养者。"这话说得多有分量，多有煽动性，我的心里立时就有了落伍的感觉。

读毕江先生此书，我暗自感叹：他与当年写《天学真原》的时候比照，真的进步了。他编排了一个迷幻的阅读体例，仿佛是让读者在"虫洞"中找寻另一个"平行宇宙"。我常说,"导师"对于学生的作用,就像寻找地下水一样,他们可分为两类:一类是发现此处有水,就带着学生一直挖下去,直至见水、修井,甚至终生傍井而息。另一类是发现此处有水,就挖一锹,作一个记号,告诉学生这下面有水,便又到别处巡游去了。我觉得,江晓原应该属于后一类导师。在他的这部新著中,就有大量的观点,足以让一个人做数年、十几年甚至更长时间的研究。

还有刘兵,他的这一本书是在讨论"科学的多元文化"问题。翻阅之间,我就觉得自己阅读的思绪无法居于一隅而安静下来,一个鲜活的学术生灵,扯着我在文化的旷野上飞来飞去。一会儿江南采莲,一会儿塞外观雪,有日照三竿的慵懒,也有闻鸡起舞的辛劳。由此想到刘兵那一连串花名的随笔集:《剑桥流水》《驻守边缘》《触摸科学》……此时,最能表达我感受的却是《像风一样》。他说,这个书名的灵感来自张艺谋的影片《十面埋伏》,他最喜欢其中的一句台词——"像风一样生活",在一种灵动的状态下,表现出思想的丰富性、文化的多元性与学术的矛盾性。我临风而立,耳边自然地聆听着那一缕缕逻辑缜密的声音。实言之,我无力跟上刘先生飞速流动的思绪,只能从中摘拣出些许闪光的东西,做一点文化情绪的玩味。

好了，"火蝴蝶文丛"中的6本书，每本30万字，本本都在谈论深刻的问题，让我触目惊心，让我放不下来。现在评论，说实话，我已经精读了江刘的两册，刚刚泛读了其余4册。不能怪我，它们可以是一个大学生一个学年的课程，我却要在一个月中读完，还要用数千字品评。我只好说，先评到这里吧，但我劝有兴趣的读者一定要读下去，读下去。那时，你的眼前一定会映现出几只缤纷的彩蝶，在寰宇间上下翻飞，耳边也会自然地响起笛卡尔的声音："我思，故我在。"

（写于2007年）

书啊，你这水火不容的宠儿

那天早晨上班，刚一出办公楼的电梯，就听见我的办公室那边一片喧闹声。大楼的物业人员跑来跑去，见到我，赶紧说："抱歉抱歉，您的办公室跑水了！水深得都没脚面子了。"我的第一反应是——"完了，我的书！"

说来惭愧，数十年读书、买书、编书、出书，日积月累，藏书自然不少，然而，我却没有自己的书房。倒不是条件不允许，最初家中也有一个不大不小的摆书的地方。可是作为一个出版人，日常工作就离不开书，所以办公室里也有一大堆书，有时在上下班时，我还要把大量的工作用书拎来拎去。后来有了条件，我干脆在办公室置办了书架，让家中的书与单位的书"会师"，办公室也就兼做了书房。

这一次跑水倒是淹不到书架上，只是有许多书还没来得及上架，尤其是那几箱好书，被老老实实地泡在水里，我心疼得几乎说不出话来。你看，保洁员拎来一本《雨果文集》，墨绿色的包封被泡成了黑色，还滴滴答答地淌着水。保洁员悲伤地说："俞总，真对不起，把'果雨'泡成了这个样子！"情急之中，她读错了"雨果"的名字。那些天，我的办公室成了图书晾晒场，泡水后书的形态真是丑陋极了，有变厚的、变黄的、扭曲的、粘连的，几天后屋子里又充斥了霉变的气息。那些天，我的心情低落到极点，在横躺竖卧的书中转来转去，爱书的伤痛已经无法表述。于是，不自觉间却以一点儿"职业思考"聊以自慰：噢！《吕叔湘全集》是用油纸包装的，水没渗入；《历代笔记小说》是漆布精装，从水中捞起来快一些，也可以幸免于难；平装书最不禁水泡，带包封的也不好；可叹是那一套仿线装的《四库全书珍本初集》，外包装的草纸盒子一下子就泡烂了，里面还塞满了纸屑，吸水性最好，书却烂得一塌糊涂；相对而言，地处南方的印刷厂包装图书比较注意防水防潮，大概是南方多雨的天气使然，而北方的印刷厂包装就要差一些……

就这样胡思乱想，我是被气糊涂了，正应了杜工部的那句诗："自经丧乱少睡眠，长夜沾湿何由彻？"突然我的思绪飞腾起来，想到了一个莫名其妙的问题——"你说，这书是最怕水，还是最怕火呀？"乍一听，你一定会说："怎么会提如此愚蠢的问题，大概你的脑袋也进水了吧！"非也非也，这还真是一个问题！茨威格在《书的礼赞》中就说，书有五大敌人：

蠹鱼、收藏家、火、水与荒废。对于火，茨威格说："可以损害书籍的自然力量很多，但是其中没有一种，它的摧毁力可以抵得上火的一半。"自古以来，人们销毁图书最常用的手法就是焚烧。秦始皇就不用说啦，"江陵焚书"也很有名，梁元帝一下子烧了14万卷藏书。当然，他还干不过"爱书"的乾隆大帝，后者一面编撰《四库全书》，一面焚毁各类禁书达71万卷。同样的事情外国也有，70年前"纳粹焚书"就很有名，他们将德国1万多座图书馆中的3000多万册图书都烧尽了。最有趣的是，李贽素喜以诗文针砭时弊，他深知自己的文章不为权势所容，迟早会遭到禁毁的命运，所以干脆将自己的集子命名为《焚书》。

由此看来，火才是最可怕的！不然，江南那座建

天一阁展厅

于明代的藏书楼为什么会叫"天一阁"！就是因为建造者认为书最怕火，所以取古句"天一生水，地六成之"，象征水克火之义，以避火灾。天一阁的建筑还有一个奇妙之处，那就是它一反我国古建筑所遵循的"奇数开间"的原则，却以偶数"六开间"，也是为了迎合上面那个古句。后来乾隆为珍藏《四库全书》，修建文渊、文源、文津、文溯、文澜、文汇、文淙七阁，均仿天一阁六开间，名字也都取带"三点水"的字，果然是怕火不怕水！

想起这些故事，再看一眼我办公室被水淹后的遍地狼藉，一股怒气又冲了上来。你说这古今人物不是顾此失彼吗？火可怕，水也可怕呀！茨威格不是还说："除了火之外，我们便要将两种形态的水，流质的与蒸发的，列为书的最大的毁灭者了。"15世纪穆罕默德二世攻占君士坦丁堡之后，就将各教堂的藏书以及君士坦丁大帝伟大的藏书楼所藏的稿本12万卷，全部抛入大海。吕叔湘先生译过一篇文章，叫作《毁书》。斯克威尔开篇就写道："书这东西，毁起来也不是很容易。"如果不撕开就想在煤气炉上烧掉它，就跟要烧掉一块花岗岩一样；从垃圾道扔下去也不行，那里写着"只准倒脏土"；没有办法，斯克威尔只好将书装进一个袋子，把它们扔到河里去。你看，还是"水"解决了问题。

由此看来，"天一阁"的命名很有问题。虽然水可以避火，但它却不是书的守护神，它也可以使书霉烂，生长出白菌、黄斑。另外，我这个略知《周易》的人还知道，引用"天一生水，地六成之"的人总好说此语出自《周易》，以示其神圣。其实不然，《周易》中哪有这样的鬼话。《易传》中的原话是"天一地二天三地四天五地六天七地八天九地十，天数五地数五"，绝对没有后来意义上的"河洛""五行"与"易数交融"的概念。只是到了宋代，"图书派"甚嚣尘上，编造了不少理学故事，用以迷惑人心。而"天一生水"那段话，更是到了元代，才由李简在《学易记图说》中杜撰的。

说哪儿去了，看来我这"八斤半"真有些灌水了！不说了，整理书去。

（写于2006年）

文化多样性：左手赞成，右手反对
——读泰勒·考恩《创造性破坏》有感

美国人泰勒·考恩是一位当红的经济学家，也是一位很有文化品位的人。他崇尚的生活方式是：在风光旖旎的巴厘岛中，喝着法国红酒；使用日本制造的音响，聆听着贝多芬的乐曲；在互联网上，通过伦敦交易商购买波斯的纺织品；还要去看欧洲人导演、外国资本投资的好莱坞电影……他说，这是全球化与文化多样性为我们构造的新生活，从现在到未来，这样的情景会发生在世界的每一个角落。

在这一层意义上，泰勒·考恩先生是促进和保护人类文化多样性的拥趸。前些年，他还花费了两年时间，代表美国参加了联合国教科文组织关于《保护和促进文化表现形式多样性公约》的起草工作。2005年2月，这个文件获得通过。但是，在表决时，美国和以色列投了反对票。当然，考恩本人也投了反对票。他说："如果是我单独起草，我写下的内容会有很大的不同。"为什么会这样呢？其实在很长一段时间里，有一件事情一直让我费解，那就是经常听说联合国的某某提案，像"文化多样性宣言""京都协议书"等，明明白白的好事情，美国却总是投反对票。为什么会这样呢？

近读泰勒·考恩的名作《创造性破坏——全球化与文化多样性》，我竟然有了一种恍然大悟的感觉。蓦然发现，在一些所谓的"常理"面前，我们与一些发达国家的认识原来有着那么多的不同。就说上述那个《公约》的建立。最初，作为美国的代表，泰勒·考恩举起了左手，他当然赞成联合国教科文组织关于"保护文化多样性"的讨论，因为这也是他多年来一直关注的问题。但是，当听到多数代表发言时，他愕然了。多数代表们提出：全球化不应该是美国化；不同的文化形态没有优劣之分，应当彼此尊重；我们应当像保护动物多样性一样，保护人类文化的多样性。他们控诉以美国为代表的西方文化对于落后地区文化的摧残，导致许多语言消失，许多特质文化被同质化，许多传统的物质文化与非物质文化被改变得面目全非。他们倡议各国政府应该行动起来，抵制国际贸易无限制、无节制的扩张，甚至喊出"打倒文化帝国主义"的口号。听着听着，泰勒·考恩沮丧地举起了右手，他反对这样的言论和极端的情绪，因为它们不符合西方经济学的理性道德标准，其中许多内容与世界贸易组织

（WTO）的协议是相悖的。

其实所谓的"多数代表"，几乎包括了除去美国、以色列之外的所有国家。在这样的氛围里，强势的美国却更像是弱势群体。我不禁要问，为什么会这样呢？泰勒·考恩的《创造性破坏》正是站在反方的立场上，回答了这样一些问题。我承认，书中的思考与我们对于文化的理解和道德规范有许多不同，一些人听到泰勒·考恩的论说，一定会骂他是"强盗逻辑"。但是，在思想解放、改革开放、全球化的今天，我们确实应该心平气和地听一听他的逻辑。

先从书名说起。"创造性破坏"是一个著名的经济学概念，是在60多年前由奥地利经济学家约瑟夫·熊彼特提出来的。熊彼特在他的《景气循环论》（1939）一书中指出，资本主义的发展具有"商业周期"的特性，它不断地进行着由高到低、再由低到高的"景气循环"。当它由高峰走到谷底的时候，就需要汰除一些旧的

泰勒·考恩：《创造性破坏》

经营者，让新的竞争者参与进来，进行产业创新和对原有格局的"创造性破坏"，从而达到景气提升和提高生产效率的目的。

近些年，"创造性破坏"的概念在我国颇为走红。2002年三联书店出版一本经济学文集，就用了《创造性破坏》（方向明著）的名字；2007年7月，人民大学出版社又推出经济学专著《创造性破坏》（理查德·福斯特等著）；再加上本文谈论的泰勒·考恩的《创造性破坏》（上海人民出版社，2007年1月），也算是多本书"共用一个书名"的出版奇观了。好在图书名字不受《商标法》的保护，不然又会爆发一场商业乱战。

在这里，有一个动向值得注意，那就是伴随着西方经济的强势发展，许多经济学的概念被不断地神圣化和时髦化，并且不断地被应用到经济学之外的领域。泰勒·考恩正是这样做的，他的书中使用许多经济学的名词，谈论的却是跨文化交流的事情。如果仅仅是"借用"倒也罢了，关键是他"真的"运用许多经济学的原理，认真地判断世界文化领域的是是非非，让我们产生耳目一新的感觉。以书名为例，泰勒·考恩认为，任何文化的发展，就像资本主义发展的商业周期一样，不断发生着由高峰到低谷、再由低谷走向高峰的演变。在这个演变的图式中，它的方法论正是"创造性破坏"。泰勒·考恩说，在全球化的过程中，技术和贸易是一个极好的东西，它使国家、地区和民族间的跨文化接触和交流成为可能。它毁灭了一些东西，改造了一些东西，破坏了一些东西，同时也创造了一些东西，衍生出一些东西，因为那是一种"创造性破坏"。看到这里，我不由自主地想起那些年的一个口号——"不破不立"。"破"字当头，"立"也就在其中了。只不过两者的基点不同，一个是政治，一个是经济。

按照这样的方法论，泰勒·考恩展开了他的文化经济学的论述。他指出，他的"文化多样性"思考是站在跨文化或曰"跨越社会边际"的立场上，其目的是"创造性地"打破一些落后社会的文化壁垒，为那些穷国的"文化菜单"添加更多的内容，从而实现他们的"文化多样性"。比如，在各个"本土文化"的目录中，添上好莱坞、麦当劳、肯德基、《哈利·波特》等等，有什么不好呢？其实今日美国的强盛与繁荣，也是昨天"添加"外来文化的结果。当然，"添加"的方式不同，带来的结果也不同。比如，美国对于多元文化的吸纳是"大熔炉式"的，加拿大却是"共存式"的。泰勒·考恩强调指出，无论怎样做，我们必须严格地遵循资本主义的游戏规则，比如自由贸易的原则，跨文化交流也必须严格遵守"自由选择"的玩法。所以，他极其鄙视和反对政府资助、干预、限制、封锁等行为。他暗示，那样做往往是打着保护本土文化的旗号，有意无意地培育着滋生独裁、专制、极端民族主义、地方封闭主义、复古主义、破坏世界经济秩序等现象的土壤。

泰勒·考恩进一步指出，其实贸易全球化带来的跨文化交流也不是美国人的发明，在人类社会发展的历史上，这样的事情一直都发生着。比如，今天的夏威夷，就"本土文化"而言，它已经变成了文化沙漠，甚至"比美国更像美国"；但是，夏威夷被毁灭的所谓"本土文化"，其实也是外来文化的综合产物，其中包含了太平洋、中国、美国、日本等许多的文化因素。所以，听到人们指责"贸易全球化的文化入侵，会毁灭穷国的一些本土文化"的时候，泰勒·考恩坦然地回答："那又有什么关系呢？"俗语说"旧的不去，新的不来"，它正符合"创造性破坏"的原理。又比如，全球化导致一些语言的消逝，但它并没有影响人类语言的丰富性与多样性，英语的内涵不是更丰富、更具多样性了吗？应当清楚，在走出贫穷、奔向国际化的道路上，一些民族在自愿的状态下放弃了旧有的语言，创新出新的语言环境。像爱尔兰人，他们已经无法用"盖尔语"与祖母对话了，这是局部文化的悲剧。但文化发展是需要综合评定的，况且即使没有跨文化冲突的发生，人类的语言等文化现象，依然会在自然的生生灭灭中前行。

另外，泰勒·考恩还指出，历史的经验证明，凡是跨地区贸易活跃、跨文化冲突激烈的时期，恰恰是文化创新与文化多样性发展最繁荣的时期。凡是经济衰退、国家闭关自守的时期，往往是"本土文化"消亡最多、最快的时期。像欧洲中世纪的黑暗，那时的文化哪有什么多样性可言？

当然，泰勒·考恩承认，贸易全球化对于文化多样性的发展，有有利的一面，也有不利的一面，但有利的一面是主流。总体而言，其一，它具有创新文化的功能。比如，二战期间，跨国石油公司将大量的油桶丢弃在西班牙港，结果却造就了特立尼达钢鼓乐队的产生；海地的一家美国金属片厂废弃了，当地人却用它的垃圾创造了巫毒艺术；西方先进的缝纫工具使摩拉艺术（一种精美的女士衬衫）名扬天下；先进的电子乐器使顿波乐得到创新和改造，使加勒比海一个小海岛成为试验世界电子音乐的领导者。其二，它具有拯救文化的功能。像音符、唱片、卡式录音机、电影等技术的广泛传播，使古巴音乐、蒙古喉音歌手等默默无闻的艺术走向世界；贸易财富的驱动，使已经衰落的波斯纺织品、印度地毯又获得新生。其三，它具有激励本土文化的功能。比如麦当劳、肯德基的风靡世界，催生出许多本土化餐饮形式的流行，如中国的兰州拉面、韩国的BBQ、日本的料理等等。其四，它具有发现文化的功能。一些穷国的人们常常不知道本土文化的价值，正是一些商人的发现和资助，才使他们认清了自身的价值。其五，它具有群聚文化的功能。像美国的好莱坞，它不单是美国文化的象征，更是文化多样性的一个群聚效应的标志。其六，它具有经营文化的功能。像台北故宫博物馆，没有商业化，它只有百分之十的文物被展出，而在经济发达的美国，就不会发生这种事情。其七，它具有传播文化的功能。其八，它具有比较文化的功能……对此，泰勒·考恩的书中都给予了实证性的说明，这也是西方学者一贯的学术风格。

谈到不利的一面，泰勒·考恩站在经济学家的视角，给出了一些让人震动的文化判断。其一，他发现在跨文化交流的过程中，"本土文化"常常会出现一种"密涅瓦模式"，这个概念转引自黑格尔的哲学判断——密涅瓦的猫头鹰只在黄昏才展翅飞翔。他的意思是说，当富国发现某种穷国文化之初，由于穷国文化核心气质的存在，吸引富国的投资与文化融合，往往会带来本土文化的爆发和繁荣；但是这样的繁荣有点像"回光返照"，随着文化交流的扩展，本土文化很快都衰落了。不过，这样的悲剧只会发生在一些小国、小文化的身上，"一个文化的人口越多，经济越强盛，被跨文化接触摧毁的可能性就越小"。其二，结合上面的讨论，泰勒·考恩认为，在穷国的本土文化消亡的过程中，真正的受害者不是这类文化的拥有者，而是那些富国的投资者和收藏家。其三，他客观地讨论了"名牌现象"对于文化多样性的伤害，主要是文化同质化的问题。其四，关于"低俗化"的问题。其五，关于"文化稀释"的争论。其六，关于"普世主义"的争论……

问题很多。泰勒·考恩运用经济学原理一一加以解构，从而找到问题的症结所在。比如，同质化问题和低俗化问题的出现，这是由经济学的"最小公分母"原理决定的。商品经济所追求的终极理想是用最小的成本获取最大的利润，对于文化产品收益而言，"分母"是生产成本，"分子"是受众的人数。显然，人数越多，利润越大。怎样才能获得更多的受众呢？一是追求商品的"普世主义"，即让更多的人理解、接受你的内容。比如，美国大片中的英雄主义、个人主义和自我实现的价值观；风靡全球的打斗类商业片，像《红番区》为了进入美国市场，保留了成龙的打斗场面，却大段地删除了成龙与梅艳芳的"爱情故事",因为美国人不知道梅艳芳,更不理解"中国人对于爱情的义务与忠贞的价值观,因为它不同于西方人的性爱浪漫"。再一是最大限度地降低作品的文化品位,正所谓"往下笨"(dumping down)。泰勒·考恩非常清楚,由于商业化的鼓动,那些笨拙无比的文化垃圾,像脱口秀、电视游戏等就会产生出来;那些毫无文学价值的作品,竟然久久地驻留在畅销书榜上。这是由它们的商业价值决定的,因为它们的受众更广泛,更符合"最小公分母"原理。

那么,怎样才能解决这些问题呢?泰勒·考恩认为,出现这样的事情不能单纯地怪罪商业化,主要是受众自身文化素质低下的责任。他引用沃尔特·惠特曼的话说:"要有伟大的诗歌,就必须有伟大的读者。"他以精致的"法国大餐"为例进行说明。法国大餐之所以能够长久地保持高超的技艺和品质,就是因为世界上有一些挑剔的、极有品味的食客,他们精致的消费观念,直接地保卫着"法国大餐"经久不衰的品质。所以说,文化消费出现上述问题的责任不在国际化与跨文化交流,甚至也不在生产者,而在消费者。在自由贸易的前提下,泰勒·考恩将消费者分为"粗糙消费"与"精致消费"两类,前者是现实的"频道冲浪员"，后者是理想的、自觉的、业余的"文化监督员"。再辅以职业化的"文化评论员"，三者才真正地决定着文化的品位。

读到这里，我敬佩泰勒·考恩的独出心裁，丰厚的经济学知识背景，为他的文化诉说增添了许多新鲜的怪味儿。我上面的阅读笔记有些一本正经，其实泰勒·考恩的全部思想，远比这些来得张扬且充满血肉。比如，他在另一本书《发现你内心的经济学家》中写道："当你走在一个大型画廊中时，一定会产生一种压迫感。面对五光十色的展品，你该关注什么呢？我建议你幻想要偷出其中的一幅最值钱的画，它能够很好地刺激你发达的自私性消费主义冲动。你会偷哪一幅画呢？这样的想法能使你每次参观画廊时都打起精神。"有趣吧，这就是一个西方经济学家的行为论和艺术观。

在本书的论说中，他也会流露出一些傲慢与偏激的情绪。比如，针对甘地"抵制英货"的壮举，泰勒·考恩讽刺道，从前印度纺织品风靡世界的时候，甘地为什么不说话呢？何况甘地的这种"爱国行动"，不也是通过西方影片《甘地传》流传开来的吗？还有，泰勒·考恩批评法国人嫉妒美国文化的强盛，因为以巴黎为中心的法国文化已经不再是世界文化的领袖；加拿大人抵制美国文化是出于心理的恐惧与自卑，在外表上，美国人与加拿大人已经完全一样，加拿大的旅行者只好在背囊上插上一面国旗。

最为尖刻的观点，见于泰勒·考恩对于穷国的嘲讽。一些悲观主义者认为，富国的财富会毁灭穷国一些优秀的文化传统，泰勒·考恩反驳道："除了理发、擦鞋或卖淫等行业，穷国要比富国发达，并且服务要比富国好之外，还有什么？"作为出身于一个年轻国家、一个暴富国家、一个移民国家、一个文化混杂国家的学者，他能够说出这样的话并不奇怪，关键是他提醒我们这些发展中国家的人们，应该如何对待和珍爱自己的传统文化，如何自尊、自爱、自强。当一个国家、一个民族反传统的极端情绪成为一种时尚的时候，当患得患失的经济学原理笼罩文化领域的时候，世界主义的暖风徐徐吹来，让我们的心灵在"杭州"与"汴州"、他乡与故乡之间徘徊。前些天在网上读到一首打油诗，读过之后心中涌起一股怪怪的滋味，不知道那"油"是五味瓶中的哪一味。这位网友（网名"鱼雷快艇"）写道："今人望唐人，唐人望汉简。汉简望猿猴，猿猴翻白眼。"幽默，真幽默！

受到泰勒·考恩的诱惑，我赶紧找来约瑟夫·熊彼特的相关资料。我倒不是想学习他的经济学理论，虽然他与凯恩斯之间有"瑜亮情节"之类的八卦。我只是想看一看，资本主义通过"创造性破坏"和创新等自身生产的动力，不断革新、不断进步、不断发展，最终会走到哪里去呢？熊彼特说："资本主义经济最终将因为无法承受其快速膨胀带来的能量而崩溃于其自身的规模。"这莫名其妙的话，让我惊出一身冷汗，心中不停地念叨着："那文化呢？"

（写于2008年）

风雪夜，我的一点岁末随想

北方的秋冬之交，几乎每年都会有这样的一天：白天，天空中阴云密布，冷雨霏霏。当夜幕降临的时候，突然，如丝的雨线被一阵寒风扯断，摇曳在半空中的水滴，顷刻之间就幻化成大片大片的雪花，纷纷扬扬，飘然而下……

夜渐深，雪停了。洁白的大地，间或露出一处处融雪的斑痕，裸露的地面上，漂浮着一丝丝袅袅如烟的轻雾。此时，你可以清楚地感受到，在覆雪的大地中，蕴涵着某种温润的气息——那是昨日的秋阳，留下的一点温存的余绪。抬眼望去，你一定会惊叹，今夜的星光与灯光，竟然如此明亮，如此灿烂。夜色下的城市轮廓，甚至城外那远在天际的山峦，都在隐隐的天光与皑皑白雪的反射下，显得那样清晰可辨，一尘不染。

此刻，我独自一人，还在城市的街灯下漫步。伴随着脚下咯吱咯吱的踏雪之声，我清理着自己岁末的思绪。这一年，我的文化生活的轨迹似乎有些奇怪，除了依然随性、零乱与丰富之外，好像一切事情都到了一个小结的时候。比如，我花费3年时间整理的《我的编辑日志（1982～2002）》，终于完成数十万字的初稿。我近年来陆续阅读二十四史《五行志》，现在已经做出百余万字的读书笔记。我一直喜爱的随笔写作，今年又有了新的结果，刚刚推出文集《一面追风，一面追问》（台湾网络与书）。另外，我还在报刊上开设两个随笔专栏，在网络上开设4个博客……

看上去，这是一个不错的年景。一个文化人，一个出版人，能够安安静静地做一些自己喜欢做的事情，实在是天帝的恩赐。但我深深知道，这样的状态不会持久，因为不变往往是一个短暂的过程，变化才是永恒的东西。正所谓"穷则变，变则通，通则久"（《易·系辞下》）。

此刻，我依然踏雪而立。气温已经骤降到零下20℃。你可以清楚地看到雪水越过固化的临界点，渐渐地演化成奇异的万种冰花。你听，脚下的踏雪之声也在发生着变化，它不再咯吱咯吱地悦耳，而是变得像踩在碎玻璃上一样难听。

我想到，我们这一代人，幸运的事情不少，遗憾的事情也很多。最大的遗憾，就是早年基础教育的缺失。另外，我们的文化功底，我们的知识结构，我们的道德建设，我们所受的继续教育等等，都存在着一些致命的硬伤。而且，其中许多的"童子功"都是不可补救的。它们一定会影响到我们整体思想水准的提升，也会影响到我们未来文化生命的延续。最终，自然会影响到我们这一代人在一个时代乃至几个时代的历史地位。

相对而言，新生代的学人们就好了许多。比如，面对"70后""80后"的作品，我最大的情绪不是轻视、拒绝或批判，而是羡慕他们受到了相对完好的基础教育，并且拥有了更多的文化自由度。整体而言，他们有能力轻松地说话，轻松地写作，轻松地构筑自己的文化生活。虽然他们的作品往往存在着思想浅薄、笔法稚嫩、故作另类、情绪偏激等种种问题，但这些都是后天可以补救的。其实有些也用不着补救，许多事情只是时空变幻的水到渠成而已。况且，他们的文化团队比过往的任何时代都要庞大得多，自由得多，激情得多，从量变到质

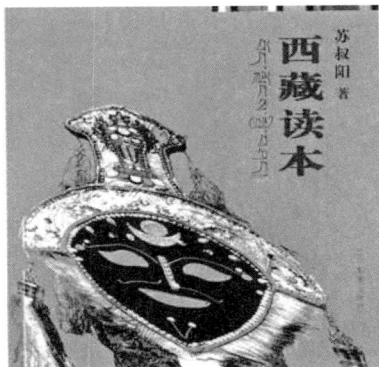

苏叔阳：《西藏读本》

变，未来出一点大成就，只是迟早的事情。

此刻，寒风渐起，风中夹杂着星星点点的雪霰，打在脸上像刀割一样的疼痛。我被折磨得有些受不了了，禁不住脱口喊道："格萨尔王！"喊过之后，我的心中掠过一丝温暖的涌流。

在过去的一年中，我重点编辑了两本书。一本是苏叔阳先生的《西藏读本》。为了这本书，苏先生整整辛苦了3年，一次次卧病，一次次奋起，终于完成了它的写作。另一本是降边嘉措、吴伟编撰的《格萨尔王》。对于后者，我一面审稿，一面学习，不觉在心灵上受到极大的震动。这感受，不仅来自它是世界上最长的英雄史诗，不仅来自它是雄狮王格萨尔跌宕起伏的精彩故事，不仅来自它优美的语言、个性的描述和浓郁丰富的藏民族色彩，更是来自一个让人震撼的说法——"凡是认真地读过《格萨尔王》的人，不管你是浏览者、猎奇者、研究者，甚至批判者，最终都会在思想深处，不由自主地对格萨尔产生某种宗教式的倾倒。"其实我在寒冷之际高喊"格萨尔王"的举动，正是从一位专门从事格萨尔研究的博士生那里潜移默化而来的。他说，每当他考试做填空题的时候，只要先默念一声"格萨尔王"，再落笔选择答案，准确性几乎可以达到百发百中。神奇

降边嘉措、吴伟编撰：《格萨尔王》

啊，一个古老的民族，一个自在的神秘文化！

此刻，夜已经很深了。忽一阵北风烟雪卷来，这才是真正的北方冬天的序曲。我该回家了。恍然间，童年的一幅幻象在我的眼前划过，那是白雪公主的马车裹着漫天的雪花飞驰而来。我赶紧跃上儿时的雪橇，抛一段锦绳，挽住那马车的后沿，飞驰起来，向着一个玉洁冰清的理想世界，归去……

（写于2008年）

巴金的"眼泪"

　　出于职业的需要，编辑的阅读大多很宽泛。为了取巧，我更爱读名人的"书话"，从中猎取出版信息。但是，何谓"书话"？今人好取唐弢的定义——"书话的散文因素需要包括一点事实，一点掌故，一点观点，一点抒情的气息……"实际上，书话是继承藏书家题跋一类的文体。

　　上世纪末，姜德明主编了一套书话，品质上乘。包括鲁迅、周作人、黄裳、郑振铎、巴金等等，都是大家名家。尤其是《巴金书话》一册，最让我心动。所心动之处，倒不在通常的序跋、评论之类文章，而是书中第六辑收录了巴金撰写的25篇广告词。它们原载于当年书刊的附页或勒口上，有心人将其收集起来，使我们得以一览大学问家的"商业语言"。

　　巴金的文字当然极好，做起广告来，更是另有一种韵味。在这里，我们不妨欣赏一下他做"推介"的言辞。例如，他说《卖鱼者的生涯》是"天地间之至文，非具有伟大的心灵的人写不出来的"；他说《文化生活丛刊》是"真正的万人的文库"；他说《文学丛刊》

之中"没有一本使读者读了一遍就不要再读的书";他说柏克曼的《回忆录》"是一本圣书";他说"高尔基是一个伟大的做梦的人,而《草原故事》是他美丽而有力的仙话";他说屠格涅夫的《文学回忆录》"真是珠玉般的作品"。

显然,语境不同,叙述的方式就会发生变化。广告的语言出于商业的要求,最强调主观的判断,或以"夸张的客观"衬托推销者的主观意识。巴金也不例外。他的广告词,大不同于他那些平实的高堂讲章,字里行间处处闪烁着"促销"的商业化痕迹,只是语言精妙,仍不失大家的风采。而且,出于广告的需求,即使是他自己的著作,他也会"赞誉有加"。例如,对于他的《俄国社会运动史话》,他说:"这是用如火如荼的笔写出的书,会震撼每个读者的心灵。"对于他的《憩园》,他写道:"作者在发掘人性。我们也许可以读到愤怒,但决没有悲哀。该死的已经死了,爱没有死,死完成了爱。"

纵观巴金的广告,我还发现一个有趣的现象,那就是每当"推介"达到激情处,巴金最愿意"落泪"。在20多篇广告词中,竟有10余处用到眼泪。请看:

《革命的先驱》:革命的青年读了此书不流几

滴同情之泪，也算忍人了。

《俄国虚无党人运动史》：此书可以使人流泪，也可以使人兴奋。

《卖鱼者的生涯》：译者一面流着泪，一面译成此书。

《告青年》：我们捧着一册，怀着纯白的心，沸腾的血，热烈的渴望，同情的眼泪，大步向着实生活走去。

《悬崖》：作者使我们跟他们一道笑，一道哭，一道顺着激情的发展生活下去。

《安娜·卡列尼娜》：这整个故事是如此逼取我们的眼泪。

巴金的眼泪是一种呐喊，一种阅读的境界，一种文化的感召力。即使是在商业化的语境中，我们依然可以感受到一个文化人心底的纯真的爱。那爱，洒向读者，洒向人间！

（写于2003年）

鲁迅的图书广告

　　我在《巴金的"眼泪"》一文中谈到，巴金的图书广告虽然语言精当，但在商人的眼中，还是太文人气，每到关键处只会落泪。无独有偶，在"现代书话丛书"之《鲁迅书话》中，也收了鲁迅的10余篇图书广告。

　　说起来鲁迅的文字更见功力，不然何以被誉为"巨匠"！而且，鲁迅的"出版业务"似乎也很精熟，文章中时常出现一些出版界的"行话"，像"码洋""折扣""校样""批发""再版""天头地脚"之类，信手拈来。至于他的"广告语言"，也是一些非常有趣的文字。他显然没有跳出他那一以贯之的咄咄逼人的气势。相比较而言，巴金是含着泪劝人买书、读书，鲁迅却是在"发号施令"。正如他夸赞白莽的《孩儿塔》时所言——"这是东方的微光，是林中的响箭，是冬末的萌芽……"总是那样激情四射，那样自信，即使是在营销图书，也时常蕴涵着几分攻击、几分冲动。请看：

攻击

鲁迅在为"三闲书屋印行文艺书籍"的广告中写道:"敝书屋因为对于现在出版界的堕落和滑头,有些不满足,所以……"他又在《文艺连丛》的广告中写道:"投机的风气使出版界消失了有几分真为文艺尽力的人。即使偶然有,不久也就变相,或者失败了。"这样的话,打击一大片,否定了整个出版界,放在今天,还会触犯《广告法》。当然,出版界几乎没有好人了,只有他是好的。他接着说:"我们只是几个能力未足的青年,可是要再来试一试……约定的编辑,是肯负责任的编辑;所收的稿子,也是可靠的稿子。"在商业语境中,这样的表白,就显得有些苍白。

推销

鲁迅的"促销语言"极为有趣,既有个性的表露,也有真性的迷失。例如,对于《引玉集》,他写道:"此书神采奕奕,殆可乱真,并加序跋,装成一册,定价低廉,近乎赔本,盖近来中国出版界之创举也。"对于《木刻纪程》,他写道:"本集为不定期刊,一年两本,或数年一本,或只有这一本。"对于"三闲书屋印行文艺书籍",他写道:"仗了三个有闲,一千资本,来认真绍介诚实的译作，有益的画本，货真价实，童叟无欺。宁可折本关门，决不偷工减料。买主拿出钱来，拿了书去，没有意外的奖品，没有特别的花头，然而也不至于归根结蒂的上当。"对于《死魂灵百图》，他写道："只印一千本，且难再版，主意非在贸利，定价竭力从廉。"

谦虚

　　鲁迅关于客套的文字真的不多见。但是，在广告词中，竟然也出现了。例如，他在《莽原》出版预告中写道："文字则或撰述，或翻译，或稗贩，或窃取，来日之事，无从预知。但总期率性而言，凭心立论，忠于现实，望彼将来云。"显然，这段文字有些怪味的低调，滑出了他一贯的文风。而在《文艺连丛》的广告词中，他的一段"谦虚"就更精彩了。他说："现在的意思是不坏的，就是想成为一种决不欺骗的小丛书。什么'突破五万部'的雄图，我们岂敢，只要有几千个读者肯给以支持，就顶好顶好了。"你以为他是在谦虚么？你不觉得这话里有话，又在攻击谁了么？这就有待于专家们去解释了。

　　实言之，好多年来，我最喜欢鲁迅的文字。记得"文革"期间，我作为"知识青年"的先进典型，到铁岭县封闭学习两个月。那时我才18岁，整天无所事事，多亏我手边有一本《鲁迅杂文选》，每天翻过来掉过去地看，把书都翻烂了。潜移默化，此后我写"讲用稿"时，最好模仿鲁迅的口气，最好引用鲁迅的话，诸如"捣鬼有术也有效，然而有限，所以以此成大事者古来无有"等，常常博得满堂喝彩！

但是，话又说回来，我真的不大喜欢他的这几段广告。不过，想起他那首吐露心声的小诗《答客诮》，一切也就冰释了。诗云：

> 无情未必真豪杰，
>
> 怜子如何不丈夫。
>
> 知否兴风狂啸者，
>
> 回眸时看小於菟。

（写于2003年）

中算史研究中的"南钱北李"

　　《中国编辑》很有创意，他们让我谈一谈"比生命更长的书"。对于一个爱书人而言，这是一个绝好的题目，只是涉猎面宽泛了一些。在自己的书架上，《辞源》《辞海》《说文》最让我依恋，淡绿色的中华版《二十四史》最让我敬重，低价购得的《道藏》最让我骄傲，宋刻版《算经十书》最让我喜爱，还有《柏拉图全集》《胡适全集》《傅雷全集》《朱自清全集》《闻一多全集》《十三经注疏》《四库全书总目》《二十二子》等等。它们有些已经流芳千古，有些肯定会比我的生命更为长久。你说，我该从何谈起呢？还是从出版人的角度下笔，或者再收缩些，仅谈一谈我亲手编辑的书。

　　于是，我立即想到《李俨钱宝琮科学史全集》。这是一部关于中国科学史的学术巨著，共10册。多年来，我一直把它列为我出版生涯中亲手编辑的最重要的著作之一。我也一直坚信，它肯定会成为传世之作。为什么？这当然是由这部著作的学术价值决定的。在这里，我不想评价该书的相关内容，因为在学

李俨

术界，它的地位早有定论。我更想述说的是，我为什么会选择出版这样一部看似冷僻的著作，为什么会对它倾注那么大的热情。回顾起来，大概出于四个方面的原因：

一是李约瑟的《中国科学技术史》的出版震动了世界，其中许多工作令我们中国人都感到自愧不如。曾几何时，我国学术界甚至认为，"国内没有科学史专家，中国科学史研究在国外"。在这样的氛围中，我自然也很尊崇李约瑟，很认真地读他的书。但是，在阅读过程中，我发现李约瑟对一些中国学者十分看重。比如，在"数学卷"中，李约瑟提到了现当代几位重要的东亚数学史专家，有史密斯、三上义夫、尤斯凯维奇、薮内清等，接着他写道："在中国数学史专家中，李俨和钱宝琮是特别突出的。钱宝琮的著作虽然比李俨少，但质量旗鼓相当。"实言之，李约瑟对于李钱二老的评价，以及他在著作中对于李钱学术成果的大量引用，正是我最初决心编辑这部书稿的原因。

二是现代中国数学史学科的创立，也是以二老的这些著作为奠基的，所以，中国科学史研究领域，素有"南钱北李"的美誉。请看吴文俊的评价："李俨、钱宝琮二老在废墟上发掘残卷，并将传统内容详作评介，使有志者有书可读，有迹可寻……使传统数学在西算的狂风巨浪冲击之下不致从此沉沦无踪，二老之功不在王（锡阐）、梅（文鼎）之下。"在这套全集的编纂过程中，主编郭书春、刘钝二位教授都表现出了极大的热情和庄重的态度。郭先生交稿时对我说："我累坏了，出门就摔倒了。可是李钱二老堪称我国科学史研究的祖师爷，他们的著作得以整理出版，是我们多年的愿望，就是累死也值得！"

三是李俨、钱宝琮大量科学史文章的重要性。其实只要你涉足中国古代科学史领域，都会千方百计地

钱宝琮

去寻找李钱二老散在的著作。回想那些年，我在工作与读书生活中，也为搜寻他们的资料吃了不少苦头。即使李约瑟也说道，对于中国古代数学史资料的整理，"要不是像李俨那样费了大量的时间和精力进行搜集的话，都是不易获得的"。所以，全集出版之后，第二年就荣获"国家图书奖"，学术界更是好评如潮。江晓原博士就在一篇文章中写道："出版《李俨钱宝琮全集》，此书卷帙浩繁，凡10巨册，为科学史方面重要史料。科学史界咸称颂之，以为功德无量。我可以提供一个具体例证。我有一套此书置科学史系办公室，至今本系博士、硕士研究生频繁借阅不绝。如此嘉惠后学，诚令人感念不已。"

四是源于我的出身。我在大学是学数学的，后来又做了5年数学编辑。追究起来，当年读数学系，倒不是出于我的热爱或天赋，而是"文革"后对于"政治运动"的一种恐惧感。毛主席曾经说："大学还是要办的，我这里主要说的是理工科大学还要办……"后来"文革"结束了，可毛主席还说过"七八年又来一次"，谁还敢念文科呢？父亲也对我说："在苏联，许多老布尔什维克的子弟都学理工科，不再搞政治，做了科学家。你也该走这一条路。"正是在这样的背景下，我报考了理科，最后被数学系录取，但心里却依然喜欢文史哲。毕业后将专业与爱好一结合，我就搞上了数学史。在那段时间里，我编辑了许多数学史的相关著作，像《数学历史典故》《世界数学通史》《九章算术汇校本》和"世界数学名题欣赏""新世纪科学史系列"等，还结识了许多数学家，像王梓坤、吴文俊、陈景润、徐利治、梁宗巨等。这些经历，正是我后来组织出版李钱著作的思想基础。尤其是当我跳出理科的圈子，在出版界越玩越疯的时候，经常有我的数学老师和同学指责我"不务正业"。我就列举《李俨钱宝琮科学史全集》来反击他们："这可是传世之作啊！这还不算正业么？"其实我时常想，大学专业教育对于一个人一生的影响真是太大了。我愿意将我亲手编辑的这部巨著，献给我数学系的师友，也算是在我浪迹人生的路途上，留一点"思乡"的根髓！

编辑此书时，我还产生一点感悟。今日之学人，文理学识的隔绝愈来愈严重，知识的阻断又带来了人与人之间的陌生。记得1990年我在编辑"国学丛书"时，特约编辑有葛兆光、王炎、冯统一，他们对于社会科学方面的专家学者都熟得不得了，请出张岱年、金克木、王世襄等一大批大学者做编委。但是说到国学中自然科学方面的专家，就只能点出李俨、钱宝琮、严敦杰几位，再往下就不知道了。他们说："请严敦杰做编委如何？"严敦杰也是李约瑟提到的一位科学史专家，但是那时严老已在两年前过世。后来，我提名请出杜石然。在选定作者时，杜先生推荐了刘钝、廖育群。葛兆光却知道天文学史博士江晓原，他说："江晓原不但在科学史方面造诣颇深，他对于中国古代性学的研究也很有见地。这种横跨文理两界的学者最难得！"应当看到，在社会文化的整体结构中，"知道"是一个很重要的概念，它往往是一种认同，一种接受，一种文化价值的肯定！美国科学史专家道本先生就曾经说过："我们做学问的目的不是为了孤芳自赏，或者作为吃饭的手段，起码要让社会知道你在做什么！"比如，有一次我与李慎之先生吃饭，他听说我是学数学的，就问道："你知道李俨吗？他的成就足以在现代学术史上大书一笔！"作为一个搞科学史的人，能够得到李慎之先生如此之高的评价，足见李俨超越学术藩篱的文化分量！

　　无论如何，在我的心底，文化是一个整体的概念，我对它怀有一种斯宾诺莎式的宗教崇拜！我坚信，不管人类社会怎样千变万化，文化的传承都是恒久不变的，那一缕浓郁的书香，也恒久不变！

（写于2006年）

关于一个"奇人"的奇思妙想

2007年11月14日,《中国图书商报》刊载了一幅商务印书馆的整版广告。我一眼看去,脱口就说:"这是近年来,我见到的创意最好的广告!"它由三部分组成:第一部分是"我们的作者",列出16位作家的照片;第二部分是"我们的员工",列出16位出版家的照片;第三部分是"我们的图书",列出《东方杂志》《小说月报》《百衲本二十四史校勘记》《辞源》《现代汉语词典》《法意》《小逻辑》等书刊的书影。三个部分的"隔断"上写着"创于1897"。

"这就是百年商务,谁能不肃然起敬!"我心里念叨着。同时,我还感叹,"作家"中有了胡适的名字,但"员工"中没有陈云的名字。然而,我更大的遗憾是,"员工"中删去了他的名字,图书中还是没有将它们列上去。

"他"是谁?王云五。

"它们"是什么?"万有文库"。

有趣的是,恰逢此时,刚刚出版的《文化奇人王云五》(金炳亮著),也不约而至地来到我的面前。此书是

"广东历史文化名人丛书"之一，说到书名，"奇人"一词听起来有些俗气，含义似乎也褒贬不清。其实如此定义王云五，也不是作者的创造。早在1999年，金耀基曾写过一篇怀念他的老师王云五的文章《壮游的故事》，文章的副题正是"怀念一代奇人王云五先生"。他写道："王先生自14岁做小学徒起，就一直没有停止过工作，一生做了别人三辈子的事。他在中国20世纪的大舞台上，扮演了各种不同的角色：大出版家、教授、民意代表、社会贤达、内阁副总理、文化基金会董事长、总统府资政……"

且住，问题正是出在这"不同的角色"上。如果以现代史为背景，金耀基为王云五罗列的角色，"出版家"之名举世公认，"教授"一职也有事实存证，至于其他，就让王先生落入政治评判的泥坑。在《文化奇人王云五》中，作者用六章的篇幅概述王云五的一生，前四章讲的是王先生的文化出版生活，文字洋洋洒洒，叙述轻松自如。第六章讲的是王先生的晚年生活，尤其是他对出版事业的身心归一。纵览这"六分之五"的文字，内容是准确、客观的，思想的阐释也不受政治的禁忌，让人可以窥见地区性文化氛围的先进，再辅以作者流畅的叙述以及他出版人的身份，更使此书表现出极为重要的文化价值和可读性。其实在此之前我一直认为，内地关于王云五的著作，即以王建辉《文化的商务——王云五专题研究》（商务印书馆）为最好、最全、最客观之著作了。但它毕竟是建辉兄的博士论文，很有业内"教科书"的特征。而金炳亮的这部书，也确定了自己的定位：面对大众，它是一个动听的故事；

金炳亮：《文化奇人王云五》

对编辑，它是一些极有价值的出版理念和商业案例；对学者，它同样坚持了叙述的准确性，表明了作者本人明确的文化判断。

但是，在《文化奇人王云五》的第五章中，我们看到了作者另一个明确的"判断"，即对王云五的人生判断，以及对中国现代史的政治判断。这一章的题目是"错位从政"，何出此言呢？你可以理解为：王先生是一位出版奇才，从政是他人生的一个错误选择；你也可以理解为：在政治风云的惊涛骇浪中，王先生"站错了队"，错误地选择了国民党反动派。抗战时期，他攻击过毛泽东、董必武等共产党人。后来，他又不肯与黄炎培、章伯钧一同前往延安，为"国共合作"出力，还说"当时不便反对……以共党擅长欺诈，一经前往，难免不被作为宣传之对象"云云。就这样，王云五始终追随蒋介石，直到他80岁时，蒋还到他的寓所为他祝寿，送上"弘文益寿"的寿屏。

读罢《文化奇人王云五》，我产生一种感觉，觉得有人难为了金炳亮先生的文字。是谁难为了他呢？不是别人，正是王云五本人。其实何止金炳亮，王先生还难为了历史，难为了文化，难为了几代人的笔墨！茅盾说："他是官僚与市侩的混合物"；胡愈之说："他既没有学问，而且政治上也是一个很坏的人"；周恩来说："他的四角号码字典为什么不能用？不要因人废事"；陈原说："说到商务，我们不能只知道王云五，不知道更重要的张元济"；沈昌文说："学了张元济，再学王云五，才是正途；只学王云五，不学张元济，也许会走歪"；唐振常说："不能因为王做过国民党的大官而回避他在商务的工作，此人在出版事业上确有人不可及之处"；徐迟说："今天我们多么需要像王云五那样的出版家！"金耀基说："他是一个符号象征，象征了一个贫苦无依的人的奋斗成功的故事……成为博士之父，成为内阁副总理，成为世界的大出版家。"

你看，王云五多像一面魔镜，默默地反射着人们的观点、思想、立场和风格。

在众多议论中，我最喜欢的评价还是来自上世纪30年代美国《纽约时报》，文章的标题是——"为苦难的中国，提供书本，而非子弹"。

此时，我的心中翻滚着思想的波涛。我想到王云五关于出版"万有文库"的伟大理想；我听到他在民族危难之际喊出的"为国难而牺牲，为文化而奋斗"的口号；我看到他为了阻止军警进厂捕人，竟当众下跪求情。但是，我也想到了关于王云五政治立场的争论；我也听到老商务的人说，他们称夏瑞芳为夏老板，称张元济为菊老，称王云五则直呼其名；我也看到关于王云五"私德"的记载，诸如以"王云五"名义出版的"辞书系列"，他个人收入丰厚的版税。翻看这一段历史，为什么提到王云五，人们就争论不休？抛弃王云五，历史就发生断裂呢？

清晨，我步入出版大厦，看到那四座雕像：左面是孔子、毕升，右面是张元济、邹韬奋。从前因为熟悉而有些无视，今天却格外认真地看了几眼，脑海中却浮现出"王先生矮矮胖胖像个大冬瓜"（董桥语）的形象。

其实，王云五先生只是难为了别人，但他自己并不为难。他称得上是"生于忧患，死于安乐"。今天，我却还捧着金先生的书，不时为自己追随王云五的举动，露出一点难为情的微笑。一不小心，还会被书中的故事弄下几滴清泪！

（写于2006年）

让游子的孤魂，牵着亲人的衣襟归来

　　1982年，黄仁宇的《万历十五年》在中华书局出版。那时我刚从数学系毕业，分配到出版社工作，听到同事们对这本书议论纷纷，尤其是那些刚毕业的文史哲专业的大学生，每当谈到黄仁宇，都会露出兴奋的表情，且以阅读《万历十五年》为时尚。当时，由于专业的阻隔和阅读兴趣的差异，我却半点也听不进去。几年后，我参加三联书店"中华文库"的写作，题目是《数术探秘》，责任编辑叫潘振平。在交代丛书写作体例时，潘对我说："虽然这套书是学术著作，但它要以讲故事的方式写作，强调文字的优美、完整和可读性。把引文与注释都放到每章的末尾，参考书目全放到书后，保证著作的学术价值。"他接着说："你可以看一看《万历十五年》。"按照他的建议，我翻看了黄著，但只是了解了一下它的叙事风格和编排形式，以便自己在写作中效仿，依然没有认真阅读它的内容。1992年，我的《数术探秘》交稿。有一次我与潘振平聊天，他送给我一本《赫逊河畔谈中国历史》，这是黄仁宇的另一部著作。后来我发现，黄的《中国大历史》

《资本主义与二十一世纪》等8本书陆续在三联出版,《万历十五年》也从中华书局转到三联的名下，它们的责任编辑都是潘振平。

如今，黄仁宇的著作已经红透了半边天。他的书一而再、再而三地重印，直到他的回忆录《黄河青山》出版，黄的名字已经跳出了专业圈子，成为大众泛读的标的。为什么会这样呢？有人说，《万历十五年》的成功源于黄仁宇扎实的明史功底。他花费5年著《明代的漕运》，并由此获密歇根大学博士学位；他花费7年读了133册《明实录》及相关资料，著《16世纪明代中国之财政与税收》；他的《万历十五年》共281页，其中参考书目134种，注释555条，再加上附录，共占掉65个页码，几乎是全书篇幅的四分之一。在这样的学术基础上，他再运用优美的文笔讲述明代的故事，实在游刃有余。有人说，黄仁宇的文笔真是绝好，他的《万历十五年》将"往事与现实纠结在一起，尽管它是一部严谨的学术作品，但却具有卡夫卡小说《长城》那样的超现实主义的梦幻色彩"（美国文学家厄卜代克语）。黄仁宇也曾以"李尉昂"为笔名，发表过两部历史小说《长沙白茉莉》《汴京残梦》，虽然他总会在故事中表现自己的历史观，但他丝丝入扣的描述还是将他的才华表露无遗。有人认为，黄仁宇独到的写作方法在他的著作的出版和畅销中起了作用。下面的故事可以从反面证实这一点。在《万历十五年》英文版完成后，黄几乎找不到出版者，原因之一竟是他独辟蹊径的创作风格惹了祸，出版社迷失了对这部著作的作品属性的判断。学术出版社说，它不是以学术论文的传统写成的，更像是一部历史小说，"全书始于谣传皇帝要举行午朝大典最后却查无此事，而以一位不随俗流的文人在狱中自杀作结"。商业出版社却告诉他，"注释必须剔除，内容要重新编排，让住在郊区的读者能放松自己"。黄仁宇愤怒地说："我听得太多了。"的确，《万历十五年》太有个性了，类似的写作几乎找不到，最多有史景迁的《天安门》、孔飞力的《叫魂》可与之相比。但黄仁宇是中国人，或曰"美籍华人"，他丰富的文化背景与生活阅历，还会为作品多添几分"畅销"的因素。

其实，《万历十五年》的走红还有深层的原因，那就是黄仁宇所谓的"大历史观"在发挥作用。它实在是一个纯粹的学术问题，数十年间在史学界掀起阵阵波澜。但是它能在当下掀起大众阅读的狂潮，就不得不佩服黄先生的才智与胆识了。读他的书，在"浅阅读"的层面上，我也常常激动不已。我好说黄先生是"三反分子"。其一是"反道德"。他认为中国失败与落后的结症正是"道德治国",尤其是用道德代替技术与法律。他认为，应当最大程度地将道德排除出历史讨论的范畴，在看待历史时，应当考虑当事人能怎么做，而不是应该怎么做，道德评判并非史家的责任。其二是"反性善"。黄仁宇借万历皇帝的"嘴"指出，人都一样，一身而兼阴阳两重性，既有道德伦理的"阳"，就有私心贪欲的"阴"，这种"阴"也绝非人世间的力量所能加以消灭的。其三是"反历史"。黄仁宇既然有了"大历史观"的武器，就要评判以往的"小历史"。他提倡在历史的棋局上，应当从纵深去看问题，一匹"马"被"车"吃掉，直接原因或许是因为它被别住了腿，然而"马"之所以被"车"吃掉，乃是从棋局开始双方对弈之综合结果。你难道不觉得这种"把一切事件的发生，均纳入历史的潮流"的做法，似乎带着一些历史决定论的痕迹吗？

在"三反"的旗帜下，黄先生的故事表现

黄仁宇

得新鲜、生动而有煽动性，许多历史人物、事件、是非，都在他的观照下现出了"事物的本质"。比如，大臣们犯了错，皇帝罚没他们的工资，是因为皇帝知道这些大臣都有"灰色的外快"，那点"俸银"不算什么。诤臣上书指责皇上的缺点，被说成是自私自利，即所谓"讪君买直"——把"正直"当作商品，用诽谤讪议人君的方法做本钱，换取正直的声望。海瑞节俭的名声遐迩皆知，可是他一朝权在手，便宣布所辖境内的若干奢侈品要停止制造，包括特殊的纺织品、头饰、纸张文具以及甜食。如果这还不足以说明海瑞的问题，那么他这个大孝子竟然因为婆媳不和两次休妻，第三任妻子也与一妾在同一天晚上不明不白地死去了。还有，张居正表面上为人端正，实际贪赃枉法，死后不久即被宦官张诚及守旧官僚所攻讦，满门查抄。申时行、戚继光均遭罢免；李贽更是身陷囹圄，自杀而死。黄仁宇说："这断非个人的原因所能解释，而是当日的制度已至山穷水尽，上自天子，下至庶民，无不成为牺牲品而遭殃受祸。"且问，黄仁宇如此详细地切割万历十五年（公元1587年）的目的是什么？他是要"将现代中国的底线往后移，事实上是移到鸦片战争前253年。历史显示，当代中国所面对的问题，早在当时就已存在了"。

在后来的作品中，黄仁宇逐渐露出了"大历史观"的政治指向。他提出一个让人震动的"潜水艇三明治"的比喻。他在《黄河青山》中写道："我们可以将中国形容成潜水艇三明治，上层是庞大而没有分化的官僚制度，下层是巨大而没有分化的农民。我们也可以说，中国的问题就像一个大型盒子或箱子，但没有把手，所以无从下手。我们可以说，缺乏中间阶层导致过去的中国无法在数字上进行管理。"当然，真正的揭秘见于他的《从大历史的角度看蒋介石日记》。他说，蒋介石为中国搭建了一个高层建筑的架构（相当于三明治上面那片面包），毛泽东则重塑了中国的底层社会（相当于下面那片面包），之后邓小平则经过20年的改革，在这两者之间搭建了一个中间的管理阶层（相当于那个大箱子的把手），从而为中国通往现代化的道路，铺设了最后一座桥梁。这三者作用同等重要，不可忽视。

就这样，从63岁时出版的《万历十五年》起步，到1985年在台北版的《万历十五年》自序中第一次明确提出"大历史观"的概念，一直到2000年1月8日病逝，黄仁宇宣扬他的"大历史观"达20余年。记得1998年《万象》杂志创刊，我们也向黄仁宇组稿，并在第2期上就刊载了黄先生的文章《上海，Shanghai，シャンハイ》。1999年末，我们收到黄先生的投稿《资本主义与负债经营》，文末注道："1999年11月寄自美国赫逊河畔。"文章与上述观点一脉相承，只是问题拆开来说，事情讲得更清楚。记得当时几位编辑对黄的观点有些拿不准，就请《读书》原主编沈昌文先生把关，沈改过后写道："黄作甚佳，他基本上为我们大陆的事业叫好，只是语言与论据与时贤不同而已。对于这类不同，如果还容忍不了，以后大概没法做事了。我改了一些。这种改法，是我在《读书》上常用的。不过也许因此让有些人不大高兴。这当然只是把'右派'的真面目掩盖一下而已——照他们的说法。"

今天回忆起这段往事，我还有些伤感，因为收到稿件不久，黄先生就离开了人世。这会不会是他寄出的最后一篇文章呢？董桥在《万象》上以《窗外一树白茉莉》为题，深情地写道："是个周末，黄仁宇坐着夫人格尔开的车子到戏院看戏。汽车沿赫逊河畔逛转之际，黄仁宇笑笑对格尔说：'老年人身上有那末多病痛，最好是抛弃躯壳，离开尘世。'他们一到电影院，黄仁宇说身体不舒服，在进门的厅堂上一坐下来就晕倒了，叫救护车送到附近医院急救救不回来，悄然去了。"几个月后，他还未年老的妻子格尔竟也去了。

当然，更让我伤感的是《万历十五年》出版前后，黄先生在海外的境遇。他先是1974年在剑桥大学出版社出版了他的第一部专著《16世纪明代中国之财政与税收》，此书仅卖了800多本。1975年他写了《中国并不神秘》，试图从纵向上研究中国问题，结果三次审稿都未通过。黄说他"为这部书稿举行了三次葬礼"，埋葬它的人又是大汉学家亚瑟·莱特和费正清，此事对年近60岁的黄仁宇的自信心产生了巨大的冲击。1976年，他又写出《万历十五年》，在横向上给出中国历史的一个切片。但是，它的英文稿子也被英美出版商们推来推去，直至1978年，才由耶鲁大学出版社接受，并于1981年出版。结果，身为正教授的他，因多年没有新著问世，被纽普兹大学辞退。孤独，孤独，孤独……即使后来《万历十五年》在西方有了影响，黄先生依然没有摆脱"独在异乡为异客"的心境。

1978年，落寞中的黄仁宇把《万历十五年》译成中文，投向国内，就像一个游子在找寻精神的归宿。经黄苗子引荐，稿子落到中华书局傅璇琮的手上。当时"文革"刚刚结束，这部稿子几经周转，直到1982年才由沈玉成进行文字润色，并由傅璇琮和魏连科、王瑞来编辑面世。结果，在海外四处碰壁的黄先生，终于在故乡找到归途中的温馨。

此时，我想起前些天的一件事情。我的一位远房表弟从乡下来，他面上的肤色与举止，让我不由自主地想到鲁迅笔下的"闰土"。他的脑中也有许多稀奇古怪的念头。比如他说客死他乡的人是很可怜的，活着的时候很寂寞，死后他的魂魄还需要回到出生的故乡，才能获得安息。但灵魂是不认路的，生路已经忘记，死路又走不通。只有在家乡的亲人来拜谒他的时候，灵魂才会悄悄地牵着亲人的衣襟返回故乡。

听着这故事，我想到清明节，想到满天满地洁白如雪的桃花、梨花、樱花、杏花……扫墓的人们归去来兮，春风吹着他们的衣襟不停地抖动。于是，我也想到黄仁宇先生。

（写于2007年）

在路上，终难忘，依旧是书香

今日霜降，风雨骤至。

秋天的雨滴，像云雾中射出的水晶之箭，沿着斜斜的冷风，嗖嗖地落向山峦、旷野、江河……我站在窗前，望着低沉的雾霭，回想着过去30年的往事。蓦然，一丝感伤的情绪袭来，像浓云一样布向我的额头，眼中的泪水也如清澈的雨滴，几乎要飘落下来。怎么了？我恨恨地责骂自己：为什么要感伤呢？

说起来，我这点"类小资"的情绪，源于《中国图书商报》的约稿。他们让我谈一谈，在过去的30年里，有哪一本让我终生难忘的书？听到这样的问题，我立即又想到那本书，还有那位久已逝去的作者，一下子就陷入感伤的情绪之中。

这本书的名字叫《世界数学史简编》（辽宁人民出版社，1980），作者是梁宗巨先生。我最初知道此书是在1982年，当时我们几个理工科大学毕业的青年人，被分配到辽宁人民出版社文教编辑室工作。上班的第一天，一位老编辑给我们来个"下马威"，他指着桌上的一部书稿说："读一读稿子，限你们3天之内，每人写一篇审稿意见。"交稿的那天，老编辑把我们的"审稿意见"贴在墙上，让更多的老编辑们围观。他们一阵阵的议论，让我平生第一次品尝到"文化羞辱"的滋味。错字、标点、格式、文体……处处都是毛病。"这样的文字基础，怎么当得了编辑呢？"一位老编辑小声议论着。我忍不住接话："我们是学理工的嘛，怎么能比得了你们这些文史哲出身的人呢？"闻此言，那位老编辑递给我一本《世界数学史简编》，他说："读一读这本书，它的作者梁宗巨是复旦大学化学系出身，但他的文字水平远在我们这些人之上。"

当时，我晕头晕脑地捧着《世界数学史简编》，半为掩饰地翻读起来，没想到一下子就读进去了。它本来是一部地地道道的学术专著，梁先生的笔法却像讲故事一样，条理清晰，文字干净，注说完整，容易理解，妙趣横生。从那一刻起，我就爱上了数学史研究，并且后来在这一领域内徜徉了很久，

梁宗巨

读了很多科学史的书，编了很多科学史的书，还著译过几本相关的书，比如《自然数中的明珠》《数学经验》等。我常想，当年如果不是我更喜欢出版工作，一定会皈依梁先生的门下。

在"审稿门"事件之后不久，我向那位老编辑表示对梁著的敬佩。他把我领到书稿档案室，找出梁先生的原稿让我看。阅后，我更加折服得五体投地。整整40万字的书稿，用钢笔一笔一画写成，没有一个错字，没有一处涂改。怎么会这样完美呢？老编辑说："梁先生写作，选用比较厚的稿纸，写错字时，他就会用刀片将错字刮掉重写，决不肯涂抹。另外，你仔细看梁先生的字，它们的笔画都是绝对准确的，'点'就是点，'捺'就是捺，决不会混淆。"接着，他还谈到注释，梁先生坚持在给外国人标注外文名字时，一定要首先标出他的母语国家的名字，然后再根据需要，标注英文或其他语种的译名。他还谈到索引，梁先生坚持一定要列出中文、外文两套检索等等。实言之，对于一个青年人、一个小编辑来说，这样的书稿范例无疑会产生终生难忘的记忆。1992年，我写《数术探秘》时，通篇书稿真的就没有一处涂抹。

后来，梁宗巨先生成为我最重要的作者。他是辽宁师范大学数学系教授，我多次登门拜访，坐在他窄小的书房里，了解他学术研究的思路和动态，甚至更愿意了解他充满个性的生活态度。

我问他，为什么选择"世界数学史"研究？他说："这是一个学术空白，也容易出成果。你看西方的科学史名著，像丹皮尔的《科学史》、沃尔夫的《十六、十七世纪科学、技术和哲学史》等，都很少提到中国古代科学的贡献。《古今数学思想》的作者克莱因甚至在序言中明确写道：'为着不使资料漫无边际，我忽略了几种文化，例如中国的、日本的和玛雅的文化，因为他们的工作对于数学思想的主流没有重大的影响。'英国的李约瑟博士发现了这个问题，他毅然投身于中国科学史的研究，结果他的成就轰动整个世界。我们是中国人，更应该有所建树。"

我问他，那本《世界数学史简编》为什么写得如此流畅、如此完美，甚至超越了学术专著固有范式的窠臼？他说，这里面包含着一个人生命的意义，还浸润着生活的泪水和血水。其实梁先生早在上世纪60年代之前，就已经完成了一部40万字的《世界数学史》书稿。但是，"文化大革命"的风暴打破了他宁静的生活，也摧毁了他的学术研究。他的妻子被说成是国民党特务，他的女儿受到造反派的惊吓而精神失常，他的哥哥梁宗岱被关进牛棚，他的书稿也被付之一炬……等到这一切都烟消云散的时候，他再拿起笔，心中的学问已经化成一种宗教式的崇高与冲动。生活与生命的意义都被结成文化精神的力量，支撑着梁先生那支神来的妙笔。

我问他下一篇文章是什么？他说是《零的历史》。此文一发表，就轰动了数学史界。我问他下一部学术专著是什么？他说是《数学历史典故》。此书一出版，台湾九章出版社立即购买了它的繁体字版权。我问他再下一部学术著作是什么？他说是《世界数学通史》。我们马上签下此书的出版合同，渴盼着这部巨著的完成。1995年秋，他终于完成了《世界数学通史》上卷。但是，不久他就病倒了，再也没有了提笔的力气。当生命耗尽最后

梁宗巨：《世界数学通史》

一点脉动的时候，他精神的支撑也在瞬间消散。1995年11月20日，梁先生溘然仙逝。

记得1996年元旦的那天晚上，我打开自己的《编辑日志》，试图从"我的作者"栏目中划去梁先生的名字，禁不住热泪喷涌而出。后来，我这样感伤的情绪一直延续下去，直到《世界数学通史》上卷出版，直到梁先生的学生孙宏安、王青建接续完成下卷的写作，直到中国出版集团将这部大作收入"中国文库"，直到今天，我又一次伴着秋日的凉风斜雨，回望那一点书与人的往事……

（写于2008年）

坚守理想的乐园

　　中国出版就这样快速地变化着。先是政事分开，接着就试点企业化；可"试点"还没有试完，一下子又全面铺开了。当然，有了"与时俱进"的观念，我们就不必慌张，一切自然在掌握之中。正值此时，我收到《中国编辑》的约稿函，说是要讨论一下"坚守编辑理想"的问题——真是一个好题目！我一个做了20多年出版的编辑，哪里是要坚守，简直是想赖着不走。现在却要讨论"坚守编辑理想"，看来这阵营中确实出现了某些思想的信风。那也是必然，正所谓"齐一变，至于鲁；鲁一变，至于道"。只是我这个惯于"抱残守缺"的人，一谈到理想，就会想到那些兢兢业业的先辈们。他们历经沧桑，不为时势所动，抱着一个宗旨，终日伏案劳作。这样的精神，更经得起历史的检验，我更敬重他们！于是，冲动之余，就有了下面的一些联想。

一

　　陈原先生刚刚离开我们。他是一位智者，更是我们的导师！如果他活着，此时我一定会发个"伊妹儿"，向他请教如何"坚守理想"云云。现在不行了，好在陈原先生的精神还在。你看，沈昌文先生参加陈原先生的追悼会，逢人却说："我刚从陈老总的聚会上归来！"有人问："你看到陈原先生面色如生么？"沈先生说："没有啊，为什么如生？我看大家的面色都很好。"

是啊，陈原先生确实还活着。一说到编辑理想，我立即想到他的那句名言——"作为一个编辑，作为一个老总，他的自我修养的头一条，应当使自己成为'书迷'。"为什么？他写道：

> 把自己奉献给出版事业者，无一不是书迷。迷上了书，即迷上了这事业，百折不回头。局外人有取笑者，管他呢——水来土挡，因为迷上了书。钻入书林，迷上了书，然后知书味，知了书味，则什么闲言碎语，什么风险，什么打击，什么挫折，什么什么，都不怕了……书迷与文明共生，甚至过着一种淡泊宁静的自我牺牲生活，具备一种虔诚的殉道者精神。默默地勤劳，做出无私的奉献。不是为了黄金屋或颜如玉，决不只是具有"职业"道德，书迷已超过了"职业"，他的

职业性责任感，已升华为对人类文明的奉献。

这段话摘自陈原先生的一个讲演稿，名曰《总编辑断想》。我喜爱此文近乎痴迷，甚至专门为之出版了单行本。值得提及的是，沈先生的"后序"更是解得真切。他说："陈老出版观念的许多新发展，我已不及实践，以是恨恨……从这里看，年轻的读者朋友，你们在还能把陈老的经验付诸实践的大好时光读到这本书，是有福了。"

二

近一段时间里，出版界还有一篇文章，振聋发聩，这就是刘杲先生的大作《出版：文化是目的，经济是手段》。刘先生是我们的老领导，身居高位，或高堂讲章，或指点江山，他从不讲官话套话。尤其是他的微笑，他的平和，他的从容不迫，让人体会到文化修养与文化传承的魅力。在刘杲先生那里，"文化"就是生命，是一个出版人的生命，是一个民族的生命，是人类的生命。例如，谈到"文化大革命"，他说："陈翰伯的话给我印象最深，'文化大革命的教训，就是永远不要再搞文化大革命了'，一句话就说透了，有什么可分析、可争议的？什么'二八开''三七开''四六开'，甭开了！"这话让我刻骨铭心。由此联想到眼下改革的热浪，我们永远不能忘记"文化"这个精髓！
有了这个基本精神的确定，"坚守"就不再是空话。

刘杲先生还有一篇文章，着实让我激动了很久，
即他为《中国编辑》创刊号所写的发刊词，题为"我
们是中国编辑"。此文文采飞扬，充满激情。他不但激
励着我们的斗志，更让人感叹一位职业出版家的情操，
同时，我还想到"历久常新"的意义！其中一段，就
足以鼓起我们"坚守"的勇气：

> 中国编辑，堂堂正正，浩浩荡荡。在这支队
> 伍的前边，我们望见张元济、邹韬奋、胡愈之、
> 叶圣陶、陈翰伯等众多先贤的背影。前人霞光满
> 天，后人朝气蓬勃。我们前赴后继，鹏程万里。

在这里，我体会到一种纯洁的情感，一种坚强的
意志，一种即使历尽人间遭逢，依然百折不回的人生
态度。我们这一代人，实在是太需要这样的"精神注
入"了。我还建议，若有闲暇，就再读一读刘杲先生
为《编辑人的世界》一书所写的序言——"美国编辑
怎样看待编辑工作"。总之，他的理念是完整的，是一
以贯之的。

再回到刘杲先生的那个命题——"出版：文化是
目的，经济是手段"。此文原载于《中国编辑》2003年

第6期，但这个命题的提出，却与我有些关联。那是在2003年6月，我托沈昌文先生请刘杲先生为我的文集《人书情未了》作序，刘先生正是在此序文中写道："文化是出版的魂，出版的命……如果背离了文化出版这个根本目的，经济手段对出版有什么意义呢？"沈先生收到刘杲先生的序后，在回复的邮件中赞道："你的'对出版来说，经济只是手段，文化才是目的'，是名言，佩服佩服！现在正需要这样的黄钟大吕。"

三

接着，我的"联想"从圈内又游离到圈外，不过也"外"不到哪儿去，都是"案上春秋"。写到这里，我恰好收到董桥先生的来信，他是看了我的一些关于出版的短文才写此信的。其中有一段话，让我倍感自豪。他说："我平生原本最想做个出版人，出精致的书，出好书。但是此生我做不成，看到你做了，格外高兴。"我们出版人，在这个行当里，听到大行家说一句"你的书编得真好"，是可以大慰平生的。记得我曾经对王亚民先生说："有专家说，要抓紧收集河北教育出版的那批好书，其中有些品种，大概在未来数年甚至更长的一段时间里，都不会再有出版的机会了。"当时，亚民兄脸上呈现的表情，凝重而欣慰，使我难忘。

　　实言之，我总觉得，"坚守"一词有些压迫感。其实出版更应该成为一个乐园，一个爱书人的乐园。以文会友也罢，文以载道也罢，总之那欢乐是发自内心的，是超越时空的，甚至是超越生死的。你看，董桥在那封信中还写道："你的《无奈的万有》一文，所附王云五先生的照片，让我想起当年在台北（与王云五）匆匆一晤的旧事。"于是，我找到董先生的《给自己的笔进补》一书，其中有文章曰《点亮案头一盏明灯》，他记述了那段"旧事"以及对出版人的尊敬："读这些文库、丛书，我常常会想起王云五在商务的业绩，觉得这样的读书人，实在体贴周到的可爱……照片里的王先生矮矮胖胖像个大冬瓜，有一次在台北重庆南路见到这样一位老先生走过，几个同学都说那是王云五，我起初半信半疑，后来也跟着大伙一起相信了，回宿舍夸说我们见到了王云五！"

　　这些故事里，恰恰包含了出版人乃至文化人的快乐。即使在香港，即使在世界各地，"文化链接"就是这样便捷，无处不在。这正应了《易经》中的那句话"鹤鸣在阴，其子和之。我有好爵，吾与尔靡之"。一个多么美好的景色。这正是我们追求的精神境界！

　　　　　　　　　　　　　　　　　　（写于2006年）

陈原：我们的精神领袖

记得在10多年前，我还在辽宁教育出版社工作，那时我们出版社以编教材为主，所以很有钱。为了提高出版社的声望，我们请来了沈昌文先生等著名出版人，帮助选书、编书，并在较短的时间里推出了"书趣文丛""牛津精选"等许多颇有影响的图书。有了这样的成绩，我的内心中自然对沈昌文先生敬重有加。有一次，我说："沈先生，您是我们这一代出版人的导师！"闻此言，一贯悠然无忌的沈先生突然有些正色地说："不，我只是导师的秘书。有机会我们应该去拜会一下陈原先生。"

第一次见到陈原先生有些偶然。那天好像是我们为了庆祝第一辑"书趣文丛"编辑成功，"脉望编辑部"的几位同仁在北京的马克西姆餐厅二楼小聚。不知是谁通报："陈原先生也在楼下用餐。"沈先生立即站起来说："你们都不要动，我带晓群去见一下就可以了。"我记得，一楼餐厅的散座，弥漫着法兰西的情调，恬淡的灯光，夹杂着几点午后斜阳的亮斑。当时我很紧张，记不得陈原老的相貌，记不得彼此说了些什么。或者，我大概什么也没说，只是握手致意，便退了下来。事后沈先生解释："陈原老是一个极好安静的人，近些年他更是约定，聚会最好不要超过三人。"我记住了这一点。因此，在与陈先生的交往中，每当人数超过三人时，我的印象就格外深刻。

第一次超过三人的聚会也是在一家西餐厅，我们是请陈原先生出任"新世纪万有文库"总顾问。他原本是不肯接受这个差事的，虽然他曾经是商务印书馆的老总，虽然当年的老"万有文库"与商务有着那么多血肉联系。但是，有两件事打动了陈原先生。一是沈昌文先生向他介绍说："这是新一代出版人希望为现时代做一点文化积累，这也正是您一直期盼的事情。"二是他问我还做了些什么？我说，有牛津、剑桥的学术著作，还有国家地理的《百年摄影经典》、探索频道的《海底王宫》、BBC的《地球故事》等等。听到这些，陈原先生一下子激动起来，对他的助手柳凤运女士说："听到了吗？不得了，不得了。"我知道，他的激动是出于对这些书的深爱！我也知道，他是多么希望能有更多的人热衷于人类文化的传承！所以，他接着问我："为什么这样做？"我说："希望走商务印书馆的路。"这时，陈原先生的情绪已经冷静下来，他说："走商务的路，至少需要20年的努力。"

陈原

我们与陈原先生再一次多人的聚会，是为了祝贺他的三卷本《陈原语言学论著》出版。席间，陈原先生突然对我说："晓群，你那篇文章《在高高的桅杆下》写得很好。尤其是你提出的出版'无序说'很有意思。"闻此言，我不由得惶恐起来。要知道，那时陈原老已经80多岁了，而我写的只是一篇千把字的小文章，竟然也没有躲过他的目光。更何况我的那个所谓"无序说"，完全是在追随老一代出版人的理念，主张出版要强调个性与多样性，不要跟风，不要一味地主流化。其中许多想法，恰恰是在陈原先生的文章中读出来的。于是，我说出了自己的思想根源，还希望能够出版他的文章《总编辑断想》的单行本。此时，陈原先生又激动起来，他滔滔不绝地讲述着自己的出版理念，对于我们这些后来人的期望之情溢于言表。最后合影留念时，他还在我的耳边开玩笑说："要是出版人能克隆，那该多好。"

多年从事出版工作，你可能觉得自己的能力已经游刃有余了。但是，只要与陈原先生接触，你就会产生面向大海的感觉，无论深远，都让人顿生怅然而不及的惭愧！学识就不用说了，陈万雄先生说他是"中国近代文化启蒙的殿军"，这个"殿军"用得好！五四以来，中国文化启蒙运动的仁人志士前赴后继，降任于陈原，在他之后，真的就戛然而止了么？唉，这些大事情我想不明白。我的心中依然深记着陈原先生的一些小事。比如，他指出我们信件中的用词不当；他告诉我们，在遴选西方学术著作时，应当重视牛津大学出版社的图书；当我们出版《杂记赵家》遇到版权麻烦时，他教我们如何登门拜访，如何致歉，如何了解受访者的专业爱好，送上他们喜爱的书。他说，文化出版最讲"传承"二字，它是一种模式，更是一种格调、一种风度，它是我们这些"书迷"共同的乐园！

2004年10月26日早晨8点多，沈昌文先生发来邮件："陈原老今晨五时不幸谢世。"一时间哀悼与纪念的声浪不绝于耳。我们的痛惜之情自不用说了，好在陈原先生的理念已经植入我们的心田，好在我们的头脑中充满了"精神永存"的信念。你看，沈昌文先生参加陈原先生的追悼会回来，逢人却说："我刚刚参加了陈老总的一次聚会。"有人问："你看到陈原先生的面色很好吗？"沈先生说："我看大家的面色都很好啊！"

（写于2005年）

赵启正：用文化解读"外国人"

这些天，我们几个参与编辑赵启正先生的新著《在同一世界——面对外国人101题》的人，一直都处于兴奋的状态之中。从今年元旦起步，我们就为这样一个主题的写作，与启正先生紧紧地"勾连"起来。十余次讨论会、百余封电子邮件、千余条修改稿、数万言洋洋洒洒的文字，由零零落落到条分缕析，让我们的思想也跟随着启正先生的脚步，经历了一次从混沌到清晰、从浅知到深邃的变化。

现在，书稿完成了，101个题目以"讲故事"的形式展现在我们面前。那些故事真好听，凡是读到稿件的人都会感叹不已，都会不由自主地用到同一个词语——"见多识广"。确实，《在同一世界》只是一部不到10万字的小作品，但它的写作背景实在太深厚了。

论著作，启正先生已经出版的《向世界说明中国》两大卷近70万字，生动地记载着他外事工作的经历和理念。他的另一部著作《江边对话——一位无神论者和一位基督徒的友好交流》，更像是一位苏格拉底式的大学者在潜心思辨，坐而论道。

论阅历，时代把启正先生推到了我国对外开放的"核心地带"，从上海市副市长、上海浦东新区管委会主任到国务院新闻办主任，他接触了太多的外国人。在浦东工作期间，他一天曾会见过13批外国访问团，仅接见日本人，就达到3500多人次。他曾经出访过50多个国家，见过许许多多的国家元首和国际名人，如布什、希拉克、基辛格、默多克、西蒙·佩雷斯、阿拉法特、巴尔舍夫斯基、克莱斯蒂尔、路易·帕罗等等。他接触过的国际大企业、大财团、大媒体等更是多不胜数。用这样长期丰富的"亲身体验"，来填充《在同一世界》那100多个小故事，实在是绰绰有余。

论学识，它正是启正先生更大的"创作魅力"所在。凡是接触过启正先生的人都会发现，他有着极好的读书习惯和方法。他说，这来自于早年父亲的教诲，父亲曾对他说，每天比别人多读一小时的书，十年后你就可以成为别人的老师了。他的母亲也是一位优秀的教师和诗人，经常发表中英文诗作，像"甘露寺前花径幽，我辈登临北固楼。试剑石开今尚在，望江亭下江自流"，读起来古风犹在，却不见点滴脂粉气。联想到外界对启正先生"学识渊博""应对机敏""引经据典""出口成章"等赞誉之词，就有了文化承继的根据。前些天，启正先生把《在同一世界》的初稿传给远在美国的弟弟赵启光，启光先生赞道："极高明而道中庸，心有江海而口谈溪流。"真是一奶同胞，一句话就点破了一位大才之人的玄机。

再论学识，启正先生自身的知识结构更为独特：一位核物理专家，一位拥有三项发明专利的科学家，一位具有极好的自然辩证法暨科学哲学基础的思想家。真实的知识背景，结合深厚的文化底蕴，使他的从政思维明显地不同于一般官员，更不同于一般意义上的所谓"技术官僚"。

赵启正：《在同一世界——面对外国人101题》

于是，我们有了《在同一世界》，有了101个精彩的故事。美国宗教领袖路易·帕罗说："无神论者的内心是很孤独的。"启正先生立即引用庄子与惠子"濠梁之辩"中的名言"子非鱼，焉知鱼之乐"予以优雅的反驳。帕罗又谈到有神论者的"终极关怀"问题。启正答道："那么孔子应该是无神论者了，因为他说'不知生，焉知死'。"最精彩的"案例"见于一段关于科学精神与宗教精神的"和谐论争"。帕罗说："科学家在探索真理的过程中，爬上第一座山找不到人生的终极答案，又爬上第二座山，还找不到，当他们爬上第三座山时，发现神学家们正在山上望着他们微笑。"启正先生答道："不，第三座山也不是科学研究的尽头，科学家对于绝对真理的追求是无止境的。"帕罗说："你再往前走，还会看到神学家的微笑；即使你到了火星，神学家已经到了更高的天堂。"启正先生说："实际上，科学家与神学家各有一座山。他们必须友好相处，彼此打招呼。"闻此言，帕罗点头称是。这是一段多好的故事！

启正先生的故事始终贯穿着一个主题，那就是——文化。文化只有差异之分，没有高低、对错之分，这个认识是我们走出去与外国人打交道的重要基础。在基辛格初次来到中国的时候，是什么打动了他的心？是"中国人的微笑"。他说："这是一个善良、纯朴、和平的民族……你看，街上的人脸上都洋溢着佛一样的微笑。"你知道，启正先生是用什么故事打动了基辛格？有一次，他和基辛格讨论幽默的民族性，启正先生说："英国幽默像红葡萄酒，喝过之后还有一会儿余韵；美国幽默像可乐，一笑即逝，但也像可乐一样随处可得；德国幽默像威士忌，不是人人能品其味的，可一旦悟出，余味隽永。"

当然，不良的习惯与传统是要批评和剔除的。取长补短、惩恶扬善、消除沟通的障碍，都在启正先生的故事中幽默地、和谐地、中庸地表述出来。他批评国骂"TMD"，说它恰好与"战区导弹防御系统"的英文缩写TMD吻合了，堪称"脏弹"。他告诫中国的美女们，当外国人夸你漂亮时，你一定不要回答"哪里哪里"，否则老外会很认真地说你的鼻子或嘴长得漂亮。与外国人交谈时要慎用古诗文，不要用缩略语、歇后语，比如"外甥点灯——照舅（旧）"，否则外国人就会问："我们的事情与舅舅有什么关系？"

在启正先生的风趣与幽默之中，文化差异得到温和、细微的分析与调理。但有时也会不同。一位日本人说，他们认为人死即成神，不追究生前做什么，所以对于参拜靖国神社问题，他希望中国是否能从文化角度予以理解。启正先生答道："中日两国在文化上确有差异。我国只会把诸葛亮、关羽一类的伟人和英雄称为'神'，不能对所有人一概而论。岳飞墓前有一副对联说得好——'青山有幸埋忠骨，白铁无辜铸佞臣'。"审稿时，我在这段故事下注道："致敬，一条硬汉子！"

书稿编完了，我们都感到意犹未尽。不要紧，启正先生的谈兴正浓。前些天，我们不是在北京与陈平原先生共同讨论《中国人》的写作吗？前些天，我们不是共同来到上海瑞金医院，拜见病中的王元化先生，确定王先生与启正先生共同主编《认识中国》吗？前些天，我们不是还讨论，如何让美国人瑷秉宏夫妇的著作《如何与中国人打交道》与启正先生的《在同一世界》双剑合璧吗？

我知道，当年启正先生有"浦东赵""论坛赵"的美誉。现在呢？"外宣赵"？不，启正先生不喜欢外国人对"外宣"一词的曲解，他更喜欢用文化说明中国。

（写于2007年）

执君之手，在清风白水间漫步

我常想，作为一个出版人，在生活的城市里，有像王充闾先生这样的一些大文人，是一件极大的幸事。我这样说，是因为几段往事一直萦绕在我的心头。

那是在1995年岁末的京城，我与出版界的几位名流聚谈，其中有陈原、沈昌文、吴彬、扬之水。他们希望能在沈阳办一个杂志，名曰《万象》。我问："《万象》是什么？我不懂。"沈先生说："辽宁的王充闾一定懂，你可以试一试。"后来证明，充闾先生果然知道《万象》的文化背景。他告诉我，那是上世纪40年代上海很有名气的杂志，孕育了张爱玲、傅雷、柯灵、郑逸梅等许多文学大家。所以，他不但支持新时期的《万象》在沈阳创刊，还同意与柯灵、李欧梵、陈原共同出任杂志的顾问。如此"文化移植"的举动，在中国文化界引起不小的震动。我至今还时常感叹，有这样的结果，真是辽宁的幸事。

还是在这段时间，我们组织"书趣文丛"的出版。这套书网罗了国内外许多名家，有费孝通、胡绳、饶宗颐、龚育之、施蛰存、黄裳、董桥、金性尧、葛兆光、陈平原、李零等。丛书的总策划"脉望先生"提议，希望收入一本王充闾的作品。当时，我知道充闾先生的文学作品名满天下，从《清风白水》到《春宽梦窄》，后者还刚刚获得首届"鲁迅文学奖"。以往辽宁教育出版社偏重教育与学术出版，沾不上文学作品的边儿。这次有了"脉望先生"的建议，我当然求之不得。充闾先生也欣然同意，将他的《面对历史的苍茫》放入"书趣文丛"之中。他也是丛书的60多位作者中，唯一一位身在辽宁的作者。有这样的幸事，我自然又会感慨一番。

到了世纪之交，我们组织了一套精美的小书"茗边老话"，小开本精装，每本3万字左右。作者有张中行、资中筠、邓云乡、吴小如、唐振常、金克木、白化文、叶秀山等。这一次我也想到了王充闾，问他是否有这样的"闲情闲文"。2001年底，充闾先生交上了《碗花糕》书稿，是一组回忆早年生活的文字，其文风清纯质朴，与他一贯的抒情散文、大文化散文截然不同。我不知道是不是这一次组稿影响了充闾先生的思想走向，让他的散文创作添上一枝旁生的花蕾。评论家们有了新鲜的惊艳之感，也有了新的分析噱头。而我对充闾先生也第一次由"高山仰止"转变为近观。

读《碗花糕》，读《母亲的心思》，读《小好》，我的眼泪纷纷飘落。太真的情感，太善的情操，太美的文字，好啊！我还能说什么？

从《碗花糕》入手，我开始认真地审视充闾先生的创作思路，直至"王充闾作品系列"7卷本摆在我的案头上，我的脑海中终于清晰了一位大作家的文化影像。我知道，充闾先生最看重自己"大文化散文"的创作，那里包含了他对政治人生的深刻认识。一个个故事，一个个人物，都变换着同一个模式：悲剧，悲剧，悲剧。无论是对谨小慎微的曾国藩，还是我行我素的李鸿章，他都无情地揭露他们内心的龌龊与无耻，落笔近乎尖刻。诗意的李白也没能逃过他笔锋的剖析。出世与入世的磋磨，挤压出李白无限的落寞与孤独，充闾先生由此引出"文人从政，必遭罹难"的悖论；面对张学良，他有些笔软，不断地阐释着"英雄"的定义，用以掩饰内心对于世俗的厌恶。"英雄无奈是多情"也罢，"英雄大抵是痴人"也罢，"英雄回首即神仙"也罢，都表现出他对张学良人生遭逢的"理解之同情"，落脚点依然是"世事无常、英雄多舛"的必然宿命。

读到这里，当你大呼"深刻"的时候，充闾先生的笔触又向灵魂的深处落刀。他说，悲剧是必然的，但悲剧中依然有可爱、可敬、可亲的人物。像香妃，她遍体透着幽幽的清香，伴着她特立独行的个性，美艳绝伦；像纳兰性德，他的真情与真爱渗入绝世的诗篇，化成贯通古今的华章。还有李贺，他的人生也是凄苦的，但他不同于那些战战兢兢、甘为鹰犬、泯灭个性的为官之徒。李贺作诗，其母亲说："是儿要呕出心乃已耳。"充闾先生赞道："但这种苦吟，常常含蕴着无穷的乐趣。"注意，这一句貌似平淡的话，恰恰流露出他人生的价值取向。充闾先生进一步的思想升华见于他的《寂寞濠梁》——人生的最高境界不是孔子、老子、惠子，而是"独与天地精神往来"的庄周。至此，充闾先生的悲剧人生观得到了清晰的诠释，他同时也给出了逃避世俗的"避难所"。不，不是避难，而是超越。个性与自由，让充闾先生的精神境界插上理想主义的翅膀，又翩然落脚于现实主义的笔端。在那里，层层叠叠的蔷薇花绕满蜿蜒的矮墙，花影间娇莺自在，戏蝶流连，远山青青，近水悠悠……

读到这里，你可能还会用"深刻"一词描述自己的阅读感受。其实除了深刻的思想性，充闾先生的文章还在不断地探索着白话文写作的沿革与突破。在这一层意义上，我在敬重充闾先生"大文化散文"的同时，更喜欢他以游记为主的"抒情散文"。那一段段生花妙笔，给人以独步天涯的感觉，那一颗颗汉字的叠拼，疑似天人的绣手点破魔方的规则。最让我感动的是充闾先生对一种文体的传承。我们这些成长于"英雄时代"的人，看腻了俗世的血雨腥风。记得读小学时，我们班上转来一位上海的小姑娘。那天早晨，阳光透过高高的白杨树，在教室内映下摇曳的疏影。老师把小姑娘叫到讲台上，问她会背什么文章。她穿着美丽的布拉吉，羞答答的，轻轻地背诵起杨朔的《荔枝蜜》。读充闾先生的文章，我的眼前总会浮现出那悠远的一幕——那景色真美。长大了，学过哲学之后，我定义：这是中国式的人文之美。

见到优秀的人物，人们往往希望见贤思齐。但充闾先生是学不得的。8年的私塾教育与完好的现代教育，天然地锻铸了他优质的才思；勤奋与执着，又为他的文学理想铺垫了升腾的阶梯。记得有一次，充闾先生与《读书》主编沈昌文先生吃饭，事后沈先生幽默地说："王

王充闾：《寂寞濠梁》

充闾的功底真好，举杯一唐诗，落杯一宋词。如今，这样的文人已经不多见了。"

还有一次，我们在德国法兰克福参加书展。充闾先生作为贝塔斯曼邀请的知名作家，在会上签约他的《乡梦》英文版权。还有苏叔阳先生，他参加《中国读本》德文版的发布会。那一天，我们的活动大获成功，又赶上是中国的农历八月十五。晚上，我们在一家中餐馆聚餐。席间，苏先生兴起，要为大家朗诵苏东坡的词《水调歌头·明月几时有》。我们知道，苏先生曾在央视等许多晚会上朗诵，他的表演绝对是一流的。果然，他一开口便技惊四座，全餐厅的人都站起来为他鼓掌，连厨房的大师傅都跑了出来，请他再朗诵一遍。这时苏先生说："朗读古诗词，不单是表演，关键是要把古音读准。记得有一次我指导一个朗诵晚会，为那些主持人、演员指正读音，他们错误连篇，让我说的都张不开嘴了。今天不同，有充闾先生在，他懂。他是当今中国作家中，少有的几位有大学问的人。"再朗诵时，苏先生每读一句，请充闾先生讲解一句，如珠联璧合。那情景让我至今难忘。

充闾先生的著作《乡梦》，其英文译者罗伯特是伦敦人，在香港大学任中英文翻译的教授。他对充闾先生的文字极为赞扬，他说其中的许多文章，让他想到西方的梭罗和《瓦尔登湖》。他还说，王先生的文章太美了，他经常不敢轻易地落笔翻译。因为文中涉及的古文化、古文字太多，所以，翻译过程也成了他的学习过程。由此，我也想到一件事情。前些天，充闾先生题赠我一本他的新著《王充闾散文》，人民文学出版社出版，是"中华散文插图珍藏版"之一种。那套书印得非常精美，收入的作家有鲁迅、朱自清、林语堂、冰心、巴金、汪曾祺、季羡林、余秋雨等。我爱不释手，反复翻读，竟然发现，我这样一个整天摆弄文字的人，其中有许多字（不包括引古文）都不认识，比如：塍、牖、箅、醵、眣、猰貐、茶、廛、瘗。由此，我理解了何谓"学无止境"，何谓"学不得"。

读充闾先生，我还会感叹，在这样一个变革的时代里，许多类型的人文景观消失了。正如，李慎之说，自己是"最后的士大夫"；陈万雄说，

《王充闾散文》

陈原是"现代中国文化启蒙的殿军";李敬泽说,报告文学"在遗忘中老去并枯竭";孟繁华说,王充闾作品是"散文困境中的一座丰碑"……

王充闾先生是一个充满批判精神的智者,他向我们展示了历史、文化、社会与人性的纠葛。他延伸了鲁迅的尖锐,摈弃了郭沫若的圆滑,扩充了黄裳的视角,辉映了余秋雨的底蕴。他在黄仁宇大历史观的纵横捭阖中,挽出新的思考线索,在王蒙的商业化、通俗化呐喊中,擎起一面传统与传承的文化旗帜。我们这样说,只是给出了一个时代的文化参数。在整体性与多样性的主题下,充闾先生的心思,似乎更在于"执君之手,在清风白水间漫步"。

(写于2007年)

沈公啊，沈公

今年5月7日，"五一"长假还没结束，我懒懒地躺在床上——人一旦空闲久了，心情就有些郁郁寡欢。打开手机，一串串的短信无聊地蹦出来，我从十七八个信息中，总算见到一条重要的内容。这是辽宁教育出版社副总编辑马旭东发来的，他写道："不好了！听说沈公病了，做了开颅手术。"我翻身滚起来，口中喊道"胡说！不可能，不可能"，眼泪却唰唰地流下来。

说是嘴硬，可心里却一直悬着。怎么我最怕的事情偏要发生？其实，就在五一节前不久，我与沈公有过一次聚会。当时我就见他面容有些消瘦，说话间还呛咳起来。我还抚着沈公的背问道："怎么了？"沈公说："前些天患重感冒，不小心摔了一跤，弄得满脸是血，现在还时常有些头晕。"没想到就是这一跤，使他的大脑受了一点损伤，在一段时间里，还影响了他的言行。于是，沈公便发生了旭东短信中说的那次治疗。

说实话，这件事真的把我吓了一大跳。沈公毕竟是70多岁的人了，虽然精神一直很好，甚至比年轻人还勤奋，可是整天为他心爱的出版事务跑来跑去，总是让人挂念。更何况近年来，一个个绝好的老先生都悄悄地去了。最近陈原先生的辞世，使我的心情难过了很久。前些天，上海的陆灏还怨我说："老人们纷纷地走了，带走了他们的资源。你们这些当值的出版人又不肯好好编书，多可惜！"这话刺得我心好痛。

我与沈公并不沾亲带故。上世纪90年代初，我向三联书店投稿，写的是《数术探秘》，由此认识了《读书》杂志的编辑宋远。宋远又帮我结识了潘振平，他正在组织"中华文库"，就将我的稿子收进去了。那时沈公还在任三联的总经理，兼《读书》的主编，但是他并不知道我正在向三联投稿，因为《数术探秘》出版后他还说道："哦！原来这个俞晓群就是那个俞晓群。"在这期间，我曾经与沈公有过两件事交往。一次是我向《读书》投过一篇介绍"谶纬"的小稿子，由于弄不准《读书》的文章风格，还被沈公在终审时退改了三次；再一次是我已任辽宁教育出版社社长时，恰逢《读书》杂志开始招揽广告，我们就做了他们第一个广告客户。

其实以沈公当时的身份，是不必接见我这个小客户的。只是有一次我到《读书》编辑部办事，迎面碰上沈公纠集着他的"女兵们"去吃请，就打了招呼，寒暄几句。此后不久，宋远对我说："沈公对你的印象很好，说你似乎与那些财大气粗的教育社社长不大相同。"她还说："我们杂志社正在编'读书文丛'，由于书稿太多，想找一家合得来的出版社再出一套书。"我马上问："辽教社可以吗？"她说："沈公也有此意。"这就是后来"书趣文丛"产生的起源。由此，也开启了我与沈公的深入交往。

记得第一次约沈公吃饭是在天桥饭店。那天天气很热，沈公穿着一件汗兮兮的黄色T恤衫，单肩背着一个双跨肩式的背包，目光闪烁，谈话时也不是很用心。后来沈公对我说："最初你们给我的印象有两点：一是你身后总是跟着几个彪形大汉；二是无论我讲什么，你们都不说话，不置可否。"其实"彪形"倒没什么，那是东北人的基本特征。至于"不说话"就有缘由了，实在是因为我本是数学系出身，多年来一直在编辑理科的书稿，所以对沈公说的那些人和事，当时我真的听不大懂，只好颔首不语。散会后我赶紧与王之江商量，因为他毕业于中文系，又好读书，是我们团队中"最懂"的一位。我觉得，当时沈公并没有非常看好我的团队，正如他后来为我的集子《人书情未了》所写的序言中表达的一样。那篇文章的题目就

187

沈昌文

是《出于爱的不爱和出于不爱的爱》，可见，沈公是一个见多识广的人，一个骨子里很高傲的人，也是一个十分包容的人。

此时的沈公正在淡出三联的领导岗位，满身的精力和资源仍然需要释放。时任三联总经理助理的潘振平就曾经对我说："你小子，抓住了老沈，就抓住了半个三联。"是的，当时我确实看到了这一点，并且对沈公其人有三点判断：第一，他是一个承上启下的高手；第二，他是一个预判文化问题的专家；第三，他是一个值得尊敬的小老头。总之，在敏感的出版界，他是一个靠得住的长者。所以在几年间，我心甘情愿地在他的"领导下"编了一大批书，如"书趣文丛""牛津精选""剑桥集萃"、"新世纪万有文库""万象书坊""幾米作品系列"《吕叔湘全集》《万象》等等。沈公帮我编书也有一个原则，那就是他手头的书稿要先让三联挑选，剩下的再归辽教。我理解他的那一份"三联情结"，我自知就是那"剩下的"部分也比我乱闯得到的好，三联的品牌是有磁力的。后来沈公时常说："那些年与晓群合作，我的心情真的很愉快，因为组稿的权力比我在位时还大。"他就是这样逐渐地爱上了我们，爱上了辽教的。

　　以上是我追随沈公的基本目的。当然我还有进一步的思考，那就是我本人很想做沈公那样的出版人，像他那样生活，那样工作。尤其是我很希望向商务、三联等老牌出版社学习，尽快地走上现代出版职业化的道路。我曾经说过："像我们这种新生的、尚未入流的出版社，如果有陈原、沈昌文这样的高人带路，就可以少走许多弯路，就可以在业务上一步登天！"

　　后来我的工作发生变动，不在第一线编书了。这使我的生活顿时失去了一种感觉，那种由于人与书的亲密接触而产生的种种冲动与享受的感觉，而这种感觉是其他活动无法替代的。所以我的心里一直潜藏着回归的愿望，希望能再活跃在编书的海洋中，希望能再有机会与沈公合作，聆听他的教诲，创造我们深爱的文化家园！

正是这样的心境，使我在见到陈原先生逝去的讣告时，独自黯然神伤了许久。也正是这样的心境，使我在听到沈公生病的消息时，血脉中涌动出几缕感伤的狂飙！

现在好了，沈公痊愈了。我们又可以围坐在他的身边，听他浑说那些明明暗暗的事情。我们又可以收到他寄来的《迷失上海》（巴宇特著）、《网络与书》等书。我们又可以见到他发来的邮件《陈冠中：看北京的100种视角》《郭正谊：外国人的风水观》。

沈公啊，沈公！你真的让人迷恋！

（写于2006年）

梦魇中奋起的那一代学者

刚刚从《新京报》上读到一段消息：

近日，中法对照版《九章算术》由法国Dunod
出版社出版。这是《九章算术》首次出版中法对
照本，该书厚1150页，售价高达150美元……该
计划由中国科学院与法国国家科研中心协同合作，
具体工作由中国科学院自然科学史研究所郭书春
研究员和法方代表林力娜博士完成。

读罢，我的情绪激动了好一阵子。因为作为一个
出版人，我与郭书春先生有着多年的合作经历，这件
事情我实在是再熟悉不过了，它也把我的思绪一下子
拉到20多年前。那时我刚做出版工作不久，被安排编
辑梁宗巨教授的《世界数学通史》。可以不夸张地说，
在我结识的作者中，梁先生治学精神的严谨是绝无仅
有的，甚至严谨得有些偏执。例如，他不允许自己的
书稿中有一个错字，每一个字的笔画都不许缺少。一
旦写错了字，他都会用刀片刮掉重写，决不涂抹。所
以请梁先生推荐作者很难，因为几乎没有人能达到他

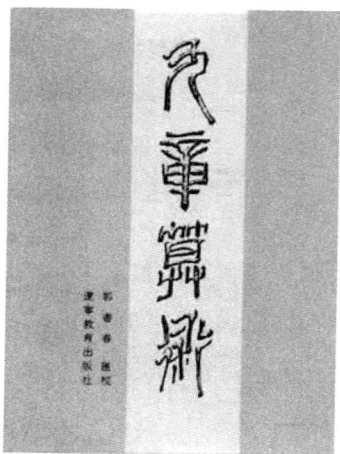
《九章算术》（郭书春汇校）

的要求。不过有一天，梁先生却对我说："我向你们推荐一位《九章算术》的研究者，他叫郭书春，很年轻，但做事极其认真，他的研究成果是靠得住的。"

那时我们出版社非常信任梁先生，立即派我到北京去找郭书春。实言之，我第一次见到郭先生颇有些失望。他不像梁先生那样学究气十足，看上去倒很有些工人阶级的气质，谈话极其朴实、坦率，加上高高壮壮的身材，一副典型的山东大汉形象。当时，我们谈论的就是郭先生关于《九章算术》研究的全部计划，包括出版《九章算术》汇校本以及他与法国人合作翻译出版《九章算术》法文版等等。交谈中，我渐渐被郭先生的学术水平和工作精神感染了，理解了梁先生举荐的道理。

我记得，在1990年，为了出版繁体字《九章算术》汇校本，我们与郭先生一同去深圳排版校对。我们几个人挤在一个房间里，没有出过饭店，每天吃盒饭。天气极热，酒店的空调只是晚间才开放几个小时。那时的深圳已经是花花世界，但是郭先生每天都坐在房间里埋头校对，他说："此书的宗旨就是校勘古今版本的正误，自然不能再出一处错误。"

我记得，在1993年，我去西班牙参加第19届世界科学史大会。当时郭先生正在巴黎从事《九章算术》法文版的研究工作，我们相约在巴黎见面，再一同赴会。我独自一人乘机在戴高乐机场落地，郭先生把我接到他的住处——向当地华人租用的一个房子。它地处巴黎第13区，房间破旧得让我无法想像。但是郭先生在那里一工作就是两年，每天用功至极，还省吃俭用，甚至还不让家人前去巴黎探望。请记住，那时郭先生已经是这个项目的中方首席学者了！

我记得，在1995年，我们请郭先生与刘钝先生一起主持《李俨钱宝琮科学史全集》的编辑整理工作，他为此整整忙了两年。一天，郭先生来电话说："书稿终于编完了。我已经累得筋疲力尽，走出家门口都摔倒了。"

当然，我也记得一些有趣的事情。上面消息中的那位林力娜博士，曾经是郭先生的学生。郭先生说，林力娜是犹太人，非常聪明，只用一年就把中文学得很好了。郭先生还说，林力娜刚到中国来学习时，年轻漂亮，又有法国人的浪漫，好多学生都追求她。郭先生就怕出事，总要管束她，让林力娜很不理解。今天想起来，郭先生也觉得有些可笑，会出什么事呢？人家都是成年人了。

我在参加西班牙科学史大会时，与林力娜有过一段接触。她中文说得真好，为人也很好。比如大会规定，专门资助"发展中国家和前社会主义国家的学者"，我们中国学者有很多都是接受资助才得以参加会议的。但是，会议期间一些重要的聚餐还要另收费，我们中国学者支付起来依然有困难。林力娜就主动为我们缴费，避免了我们的尴尬。尤其有趣的是她认为，中国人凡事都会谦让三次，只有第三次才是真意。例如，她问你"要咖啡吗"，你如果说"不要"，她一定还要再问两遍"真的吗"，才确认你的态度。

写到这里，我在感叹郭先生功成名就的同时，还勾起了心底对另一件事情的思考。那就是上世纪60年代大学毕业的那一代学人，在现今中国社会中占据着重要的位置。提起这些人，我的印象极其深刻，因为从我1977年上大学，到后来分配到出版社工作，我的老师、领导、同事、作者等等，大都是由他们这一辈人构成的。虽然朱学勤曾经说，"他们是至今尚难从苏联文学的光明梦中完全清醒的人"，虽然那场突如其来的"大革命"在他们的身上留下种种历史的印迹，甚至斑斑血痕，虽然社会的变迁铸成了他们复杂的"人格特征"，使他们的思想表现往往显得深邃而隐秘，但是，他们还是承载了一个时代的责任，他们中的优秀分子依然无愧于这个时代，让人尊敬！

（写于2005年）

未来，我们像他那样生存

题目中的"他"，说的是台湾出版人郝明义先生。

其实我与明义兄同岁，本来没有谈论"未来"的道理。可是回顾我们10多年来的交往，我就觉得，在人生的道路上，自己总是要比他落后几个节拍。这可能是由于社会因素，也可能是由于个人的天资或阅历不同的原因，但无论如何，我或我们一些人，在许多方面都是落在明义兄后面的。这不是谦辞，请听我的几点解说：

其一，虽然我们同龄，可是我的人生步履，起码要晚明义兄5～10年的光景。此话何来？这是一个"很私人"的事情。我们之间的"落差"，就产生在1974年。那一年，明义兄高中毕业考入了台大商学系。那一年，我也高中毕业了，却听从号召"到广阔天地中去"，做了下乡知识青年。到了1978年，明义兄大学毕业，我才乘着"文革"后恢复高考的东风，步入大学校园。等到我4年后大学毕业，明义兄已经是出版界的行家里手了。这不一下子就拉下来了么？见笑见笑，哪有这么比较的。"革命不分先后"，后生还有可畏的呢!

其二,从前台湾出版业有"海盗王国"的坏名声,可能是出于对"重灾区"的矫枉过正的目的,1989年明义兄还在时报出版公司任职时,就已经正式组团参加法兰克福书展了。我是到了1999年才第一次来到法兰克福。作为开放和走向世界的标志,我们在进入国际大循环的路途上,又有了5~10年的落差。这个"落差"内容丰富,就以明义兄为例,他自身有那么好的知识结构(语言与国际交流的能力),他率先创编和引进了那么多好书(米兰·昆德拉、卡尔维诺、村上春树的作品,以及《脑筋急转弯》《相约星期二》《情商》等),他的环境中有着那么多让人羡慕的好作家(蔡志忠、朱德庸和几米等)。

其三,明义兄是一个出版奇才,他的许多业绩是比不得的,也不是未来谁都可以做到的。为什么?因为他对"工作"有着十分独到的理解。请看他的大作《工作DNA》,其中的文章短小而耐读,讲了许多平实而真切的人生哲理。比如,他说"工作比床重要",因为一个人一生有三分之一的时间在床上,而有二分之一的时间花费在工作或与工作相关的事情上。他还说20世纪是科技的世纪,21世纪迟早会进入人文的世纪,"出版是人文最初也是最后的保存,出版是人文最根本也最尖端的推展"。书中最让我感动的片段是,当医生面对他日渐恶化的身体状况而让他在生命与工作之间做出选择时，他写道："与其为了多活几年而设限生命，当然不如把生命浓缩于尽情的冲刺。"

其四，明义兄是一个阅读的高手。关于出版职业化的阅读，他的功力是许多编辑人都无法匹敌的。因为他的阅读中不但包含了中西文化的素料，更融入了一个出版人的文化理解和职业技术。不信的话，读者可以读一读他编的《阅读的风貌》《阅读的狩猎》《词典的两个世界》，还有他译的《如何阅读一本书》。实不相瞒，我在阅读这些作品时，禁不住脱口喊道："厉害，真厉害！"恰好此时有一个小编来问我，谁是当今的编辑高手？我说："看吧，这才是真正的高手——高高手呢！"我觉得，正是靠着精妙的"阅读体验"起家的。谁要想向他学习，就应该从这里入手。

其五，明义兄

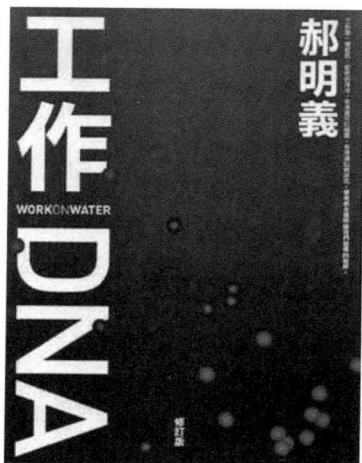

《工作DNA》

又是一个讲故事的高手。他讲故事的风格，就像一个电影导演述说剧情一样，生动而深刻。前不久，他写了一本书，题目就叫《故事》。这是一部个人的回忆录，文字之平和，就像一湾溪水、一缕晚霞的光影。他讲到父母、老师、朋友……没有一点夸张和修饰，读起来毫不吃力，让你的心境也自然地融入他的平和之中。不过，只有一段故事例外，那就是他讲到父亲曾经很精明、很有钱，人们都称他是"那个富翁的儿子"。父亲50岁时，为了急于给他治病，被扰乱了思想，错用了坏人，钱被骗走了，生意也破产了，从此一蹶不振。但在很长一段时间里，郝明义并不知道这些背景，他甚至不理解父亲的落魄和甘于平庸的态度。成年后，他知道了，他落泪了。我捧着他的书，也一同落泪。在这里，我只是想说，要想成为一个优秀的出版人，学会"讲故事"似乎也是一个重要或必要的条件。明义兄就曾经给我讲过幾米的故事，于是后来才有了《幾米绘本》的合作与畅销。他在《中国时报》《中国图书商报》上开的专栏，都以"讲故事"的精彩而让人喜爱。

其六，我最敬佩明义兄的事情，不是他曾担任时报文化出版公司和台湾商务印书馆的"封疆大吏"，而是他1996年创建大块文化出版公司的勇气和作为。那时他已经40岁，人生遇到巨大的挫折。但是在人与社会的冲突中，他抓住了"独立人格"的准绳，在不到10年的光景里，就做活了一个更加完好、更加"自为"的出版产业。拿着大块文化的书，还有大块旗下"大辣"的书，我最感慨的是一个"独立出版人"的生存方式。记得有一次在法兰克福书展上，我见到一家"一个人的出版社"。那是一个瑞典人，他每年只编几本画册，每本画册的主题都是他自己建立的，编好之后就在网上销售，有时甚至会骑着自行车，穿过繁华的城市、绿色的乡野，把书送到订阅者的手中。我问他为什么这样做？他说："我个人的知识见解能够变成商品，被别人接受，这就是我生活的乐趣。"在这里，人不再是一个被动的打工者，出版不再是一种单纯的谋生手段，文化的商品化也自然地融入了人本的意义！

我这样地东说西说，不知是否会得到明义兄的认同。说是"见贤思齐"，又好像拉远了彼此的考量。其实我们面上的生存形式如此地类同：先是年轻时玩儿命地工作，不舍昼夜；后来又共同地鬓发斑白，目力下降；及近"五根之年"，见面时总会说出许多相似的感叹之言。人生体验的趋近，不用说"两岸三地"，全世界也活不出太多的花样。我曾经向他述说对一件事情的困惑，他给我讲了两段例子。一是"温水青蛙"的比喻：水温太烫，青蛙会一下子跳出来逃掉；而逐渐升高水温，青蛙只觉得温度虽在升高，但尚可忍受，终致在等待水温下降的过程中，不知不觉地失去了行动的能力与意识。再一个例子是讲解《周易》中的"节"卦。明义兄阐释了"节"与"苦节"之间的辩证关系，其中对人生哲学的感悟，我确实感到望尘莫及！

　　说到这里，读者大概理解我为什么这样命名本文了吧！

（写于2006年）

82届，我嗅到了死亡的讯息

1982年大学毕业，我们七八个来自不同院校的人，被陆续分配到辽宁人民出版社工作。那时人民社还没有分家，有文艺、美术、教育、政治、经济、文史、科技、少儿等10来个编辑室，其中有些就是后来各个专业出版社的前身。不觉20多年过去，我们这几个"文革"后的一两批毕业生（77届、78届）运气不错，都当上了社长、副社长之类的出版要职，"成才率"几乎100%。但是，这些年情况有了变化，我们七八个人不再"比翼齐飞"，有升迁的，有退休的，有下岗的，还有逝去的……

说起来，我们这一代人活得很波折。虽然一同毕业于1982年，但是"十年动乱"搞得我们上大学时老的老、小的小，年龄差有在10岁上下的，生活背景也很复杂。不过我们还算幸运。那时我们参加高考，面对的是10年堆积下来的知识青年，50个才录取1个！当时我是下乡知识青年，在铁岭那座"大城市"种地。高考前，我作为青年点的"点长"，白天"抓革命，促生产"，晚上趴在炕头上"因式分解"。进入考场，打开试卷，我一阵惊喜，那道20多分的"古文今译"大题，竟然选的是《汉书》中刘邦与吕后的著名对话"安刘氏者必勃也"。它讲的是，刘邦临终前告诉吕后谁可以保佑汉室的平安：萧何之后是曹参，曹参之后是王陵；王陵有不足之处，需要陈平、周勃辅助，而周勃"重厚少文，然安刘氏者必勃也，可令为太尉"。我们念中学时古文读得少，最怕今译，但这段文字我恰好读过。为什么？原来当时流传着一段故事，说毛主席晚年选接班人选得很苦，又是林彪，又是王洪文，都不合适。有一次，又有某某人向主席讨教谁可以"按既定方针办"，于是主席就讲述了刘邦与吕后的这段对话。至于谁是主席心目中的"周勃"，坊间版本不一。记得老爸听到这段传闻，当即把我叫到他的书柜前，翻开《汉书》，将这段故事给我讲解了一遍。真是苍天有眼，大概也是命题老师别有用心，让我碰取了不少分数！据说我当时的成绩列铁岭县考生的第27位，足以让我混取功名！

那时大学讲的是精英教育，录取人数少，加上"文革"后拨乱反正、百废待兴，人才匮乏，因此我们那几届毕业生占尽了风光。可是风光着风光着，兴奋劲儿还没过去，20年就过去了。我们头发日渐花白稀少，精力也露出了下世的光景，不由得理解了杜甫

"白头搔更短，浑欲不胜簪"的意思，也不再嘲笑"老草寇"宋江"尽教头上添白发，鬓边不可无黄菊"的无赖心态。这一日心绪烦乱，不由得想起我们七八个人眼下的处境。别的都还说得过去，只是那两位英年早逝的同志让我禁不住流下热泪！

一位是王大路。他于去年3月7日因病不幸辞世。我们是同一年进入出版界的，他长我7岁，毕业时就已经有很丰富的工作经验，加上个人极其努力，所以在我们七八个人中，他进步的速度最快，知名度最高，编了许多好书，做了许多惊天动地的事情。像上世纪80年代他编辑的"东西方美学丛书""西方心理学丛书""人与文化丛书"等，都有引领一代阅读风气的作用。说大路工作努力，不是空话。在他事业的高峰期，他可以一周三次往返于京沈两地，甚至一日往返于沪沈之间的事也是有的。那时有人称大路是"中国出版界的基辛格"。当然，还有《中国图书评论》的创刊，"中国图书奖"的建立，中国出版学会的发展等，都和大路的工作分不开。但是，在大路逝世和他一周年祭奠的时候，我的脑海中总会浮现出1982年我们七八个人在一起见习校对的情景。大路与我并肩而坐，乍一来他就显得很成熟，我们扯淡、打扑克、嘻嘻哈哈，他从不参与。我最佩服他的文字功底。那时我刚从数学系毕业，想给一家报社写一篇500字的科普文章，却不知如何落笔。实不相瞒，我的第一篇短文是大路帮我修改后才得以发表的。我记得，那时大路已经能写出一万多字的影评，好像评的是《高山下的花环》，发表在一家大学学报上。我还记得，我们嫌大路太正经，总想与他开玩笑，又见他面色黝黑，一着急脸上就会渗出滴滴汗珠，就给他起了个绰号——"张思德"！他听到后，憨厚地笑了。他私下对我说："晓群，你才26岁，太年轻了，我都30多岁了，不努力就没有机会了。"那时，我们还生活在相对单纯的心境之中。后来，无论大家发展得怎样如火如荼，只要一见面，总喜欢提起那段"单纯的日子"。即使在冥冥之中，也是这样。于是，我依稀看见大路额角上的汗水，眼角不由又渗出了泪水！

另一位是王越男。他比我小一岁，今年3月14日不幸病逝。大学毕业后，我们俩是同一天到出版社报到的。他总逗我当时的装束：戴一顶军帽，穿一件军装，蹬一双便鞋，还是下乡知识青年的打扮。后来我们一直在一起工作，直到1998年他被调到辽宁民族出版社任副社长。越男毕业于东北大学物理系，活泼好动，在我们七八个人中，最好整事儿，最好恶作剧。记得有一次，他装作人事科的人给王大路打电话说：

"我们正式通知你，由于你工作出色，所以将你破格留在校对科了。"当时把大路吓得够呛。我们也逗越男说："你是物理系毕业的，却不会修理电灯。"他自我解嘲说："我学的是理论物理！"越男是典型的辽西人的性格，讲义气，又有些狡黠，心里的事儿都放在脸上。我们在一起编了许多好书，有"国学丛书""中国地域文化丛书""书趣文丛""新世纪万有文库"以及《世纪之交，与高科技专家对话》《牛津少儿百科全书》等。出门办事时，他从来都是打先锋。安排日程，约见客人，酒桌上插科打诨、调节气氛，遇到难谈的书稿排解局面等，都是他的强项。《读书》杂志的吴彬就曾经开玩笑说："晓群与越男搭档组稿，一文一武，最合理。"

近几年，越男病了，日渐消瘦，心胸不大开阔，我常常开导他。但是，毕竟他还年轻，我怎么也无法将死亡与他联系起来。去年岁末，我去看望越男，他说过完春节天气暖和些，就到北京看病，找到症结，一定会好起来。现在，无法相信的事情已经发生了！当我含着眼泪向越男遗体鞠躬之后，缓步走出告别厅，那大厅的铁门却不知何故将我的手指狠狠地挤了一下，鲜血一滴滴落下。越男是最好热闹的人，我们20年在一起风风雨雨，现在却要把他一个人留在那荒郊野外，让孤寂的游魂伴随着塞北凛冽的寒风……我想，他是在怪我们不够意思，哥们儿一场，就这么走了？

就这么走了。我想起当年越男常说自己的名字起得不好，"越男越男，越走越难"。我还开玩笑说："不，是越过困难！"然而，这一关他没能越过，死神推倒了他还未衰老的肉身，冷冷地牵走了他的灵魂！

82届，"文革"后的一代人，很有些时代沉浮的印记。就说我们这七八个人，直到现在，最大的还不到60岁，成才率100%，死亡率30%！我不禁要问：对于这一代人来说，为什么会出现如此强烈的生死碰撞？我们是否应该把这种现象归因于时代或时运？共和国50年，赋予我们丰富的人生经历，赋予我们许多的光荣与梦想，也使我们的肉体与精神留下种种伤疤——每逢天阴雨湿，还会隐隐作痛。今天，我们这些苟活者依然在路上，气喘吁吁地跋涉着！

（写于2005年）

书之爱，父之爱

今年，我的父亲95岁了。他不老，在这些天的老干部聚会上，他还在唱《五月的鲜花》。我深爱父亲，崇拜他，敬重他。但是，我很少与父亲做思想交流。

我们兄弟姐妹四人，我最小。母亲说，她和父亲原计划就是要生四个孩子，最好是两男两女。而且在我之前，爸妈的这个目的已经实现了，他们已经有过四个孩子，即：大姐安娜、大哥小平、二哥悠悠、二姐小勇。不幸的是，二哥生来身体虚弱，在3岁时就不幸夭折了。姥姥时常说，都是因为名字没起好，你看——"安娜"安全，"小平"平安，"小勇"勇敢，可是"悠悠"多不稳当啊！

悠悠哥的死，使妈妈受了很大的刺激。在一段时间里，她看见谁抱着孩子，都想走过去看一看是不是她的小悠悠。所以妈妈才下决心，一定要再生一个孩子，那就是我了。可能是有了前面的波折，妈妈对我极其关爱。为此，父亲经常提出意见，说母亲溺爱不明，会毁掉一个孩子。我与父亲的关系，也始终表现得尊敬有加，亲热不足。

不过，有一点我与父亲是心心相通的，那就是"爱书"。父亲有许多藏书，这在那些当年跟着毛主席打天下的老干部中是不多见的。那时许多老干部的生活是很享受的，业余活动很多。可是父亲不抽烟、不喝酒、不玩牌、不跳舞、不结党，整天买书、看书，办公室里也摆满了书柜。因此，他后来被任命为党校校长，在老干部的圈子里有"老夫子"的称号。

　　我懂事时，父亲已经被打成了"走资派"。那些书先是被造反派抄家收走，后来又被退还给我们。它们被装在一个个麻袋里，放在我家的一张大床的靠墙那一边。我就睡在那张床上，头朝外，脚抵着那些装书的麻袋。那时"文革"闹得很凶，大字报都贴到我家的大门上，我记得有一个题目是"向高薪阶层猛烈开炮"。我们不敢出屋，外面的小孩见到我就喊"狗崽子"。比我长7岁的大姐，看到我被外面的口号声吓得发抖，总好把我搂在怀里，轻轻地抚摸着我的头发。没有办法，我们只好盯上了父亲的那几麻袋书。我记得，哥哥看《少年维特之烦恼》最来劲，看到激动时还学着维特自杀的姿势，用手指着头部作开枪状，然后轰然倒在床上。有一天，哥哥正在与我谈此书时，被心绪烦乱的父亲发现了，他抢下书，把它撕得粉碎。不久，哥哥又读起了鲁迅，激动时挥笔将鲁迅的四句诗抄下来贴在墙上，诗云："梦里依稀慈母泪，城头变幻大王旗。忍看朋辈成新鬼，怒向刀丛觅小诗。"父亲看到后二话没说，又给撕掉了。这次哥哥反驳说："主席说，鲁迅是中国文化革命的主将。"闻此言，父亲苦苦地笑了。

那时父亲的罪名是"特务"。记得抄家那天，已是半夜时分，我家的门被敲得山响。一位造反派头头一进门就大声宣布："俞未平，根据我们内查外调，你是国民党特务。"他的话音刚落，父亲突然朗声大笑。那是一个勇士的笑声！我们都被那超大的声音震得呆在那里，只听那个造反派低声说："你不要笑，我们是有证据的。"妈妈很沉着，她小声问那位头头："是哪个派系的特务？"那位头头答道："中统CC特务。"当时，年仅10岁的我心里乱极了，想到了"渣滓洞""白公馆""李玉和""密电码"，也想到了前几天，我与二姐还翻出了一张父亲穿国民党军装的照片，当时胆小的二姐脸都吓白了。二姐从小就爱哭，所以爸妈才给她起名曰"小勇"，希望她能勇敢起来。后来我们才知道，那张照片是父亲在陈毅同志的领导下，按照党中央的指示，进入国民党傅作义部队去做统战工作时拍的。事后，我还问妈妈："'CC特务'是什么意思？"妈妈说："'CC'代表陈果夫、陈立夫，他们都是国民党的大特务头子。"后来，我们也问过父亲："你为什么那么坦然？"他说："因为我经历过'延安整风'。"

在这样的环境中，我还能做什么？只能偷看父亲的书。为什么要"偷看"？因为父亲说，那些都是"封资修"，看了会中毒的。他越这么说，我越想看，先是偷看插图本的《水浒传》，接着是《一千零一夜》《聊斋》《红楼梦》。我记得父亲的那套《红楼梦》是线装的，分两函，每函8本。我偷看时，只能一本一本地抽出来，看完后再塞回去，换看另一本。可是，我抽出一本书之后，函套就会松下来，很容易被父亲发现。为此，我想出了一个好主意——我抽出书后，把一片与一本书一样厚的海绵夹在空档里，而海绵的颜色又与泛黄的旧书相同，再系紧函套，很难被发现。我这样做，骗了父亲好长时间。终于有一天，他发现了，勒令我把书

父亲

交出来。我交书时，偷看一眼父亲的表情——他很得意，眼中似乎还蕴涵着一些对我嘉许的目光。

1974年，我中学毕业，按照当时的形势，需要"上山下乡"。作为"走资派"的子女，我被强令送到"最艰苦的地方"去锻炼。我不愿意去，父亲就因此被贴了许多大字报，说他"走资派还在走"。无奈，我只好去了。临行前，我在一张纸上写了李白《南陵别儿童入京》中的那句诗："仰天大笑出门去，我辈岂是蓬蒿人。"后来父亲看见了，在下面写道："此儿素有大志。"接着，他也引李白的一句诗云："但仰山岳秀，不知江海深。"

其实，我的一生都在母亲大爱的笼罩之下。她不需要父爱的补充，甚至拒绝社会对我的评判。记得"文革"时，造反派批判母亲对我娇生惯养的大字报就贴了整整一面墙。许多人都说我不会有出息，"饭来张口、衣来伸手，上学都要有一个保姆在后面跟着"。即使"文革"冲掉了我这种优越的生活环境，但是仍然无法阻止母亲对我拼命地呵护。记得我"上山下乡"的那一年，母亲没能把我留住，急得一下子拔掉了3颗牙齿。我26岁结婚的那一年，母亲对我说："小四儿，你可以自立了，你现在一切都是健康的，妈妈身体不行了，但我的心会一直呵护你的人生。"两年后，妈妈离开了人世。这些年来，每当我想起母亲的这段话，都会满眼含泪，心如刀绞。

也可能是母爱的强势影响了父亲的发挥，因为母亲时常教育我说："对你来说，父亲永远是正确的。"所以，我与父亲没有平等交流的机会，只是在他的藏书中，与他产生了心灵的碰撞。从儿时的阅读到后来文化品格的塑造，我愈来愈觉得父亲的身影无处不在，父亲的精神无时不表现出极大的力量。从那一摞摞的藏书中，我终于读到了另一种爱。不，不是另一种，而是生命孕育的另一半，那就是与母爱同样伟大的父爱！

（写于2006年）

下编

一面追风，一面追问：出版与思考

论 "做活"

　　"做活"这个概念，是我30多年前"上山下乡"时，从农民大爷那里学来的。一般说来，在移植稼禾草木的过程中，秧苗总要经历一个重新复活的阶段。禾苗、瓜秧之类，移栽后大约需要3～5天的时间，才能确认它是否成活；被移植的花木再开花，需要3～5个月；果树移植后再挂果，需要3～5年的光景。凡此种种，就叫"做活"。

　　我为什么会想起这些往事呢？说来有趣，前不久与一家外国出版公司谈合作，说到投资回报时，我方提出"当年投资，当年盈利"的设想，外方老板却说："这样当然很好。但我们更关注的是，如何真正地做活一个新企业，它总需要3～5年的努力和验证。"你看，他也提到"做活"，也提到"3～5年"！这些概念和数据，竟然与当年农民大爷的话如此吻合，让我怎能不"忆往昔峥嵘岁月稠"呢？

　　其实，真正做过企业的人一定清楚，这位外方老板的话很正确，甚至可以说是一个"经营常识"。我就经常在实际工作中遇到这类"数字化"的问题。比如，办一本杂志，起步最难，接着是死是活，总要看上3～5年。在我创办《万象》的过程中，就体验了一把"文化载体"的生死嬗变。1997年《万象》创刊之初，我虽然挂名主编，但对办杂志毫无经验。正是"万象书坊"的"老少坊主"沈昌文与陆灏的主持，才使它经历了第一年5000册、第二年10000册、第三年15000册的缓步增长。此后，《万象》有了作者与内容的品牌，有了"小众文化"的定位，每一年的印数持续稳定在2万～3万册。这时，经验丰富的沈先生说："《万象》活了，它有了自己的生命。"沈昌文是《读书》的前任主编。在人文杂志的圈儿里，《读书》是一杆旗帜，它的名下书写着陈原、陈翰伯、史枚、范用、沈昌文、董秀玉、吴彬等许多优秀的名字。作为这个团队中的一员，沈先生的操作与判断，自有高明之处，不然何以在生生灭灭的杂志群落中，《万象》得以正确定位、稳步存活呢？

由此，我也想到许多年前，我与当时在《读书》任职的扬之水的一段对话。那时扬之水要离开《读书》，到中国社会科学院文学研究所去搞她喜爱的《诗经》研究。我问道："编辑的变动不会影响杂志的生存吗？"她说："不会的。《读书》是一本已经完成了文化定位的杂志，就像一代代文化人已经搭建好的一个舞台。编辑只是舞台上的剧务，进进出出都起不了决定作用。"如果我们把扬之水的这段话，套入上述农民大爷"移植秧苗"的理论，那就是说，《读书》是一本已经"做活"了的杂志，只要你不把它"连根拔起，重新栽种"，它依然会存活。至于活好活赖、活长活短，还要看传承的力道。

顺着农民大爷的思路，我又想到，"做活"还有"真活"与"假活"之分。比如2005年我到过雅典奥运场馆，见到路边一棵棵硕大的橄榄树都死掉了。我问当地人，为什么会这样？他们说："这些大树是2004年奥运会时移栽的，当时好像已经活了，其实它们并没有生根，只是自身残存的生命支撑着游魂假息，当存量耗尽的时候，就会出现这种'缓死'的现象。越是大树，越易如此。"此时，我理解了，上面我提到的那位外国出版商为什么要强调对一个新建企业必须作3～5年的存活考察——他是在防备"伪存活"的骗局。我也理解了，为什么一些有识之士大声疾呼，"我们改革成败的重要标志，是如何实现存量与增量的转化"。目前一些企业重组、整合等，只是出版改革的第一步，它实现了存量的空间形式的变化，带来重新组合后的存量的相对增长，这是一个量变的过程。而一个产业的真正的变化，应该发生在增量的指数上，这是绝对增长，是质变。当然，这个指数也有正负之分，正增长叫"做活"，负增长叫"做死"。

接着，我又想到农民大爷的另一段话："判断一棵秧苗活没活，不是看它上面的叶子是否茂盛，而是看它是否有新的根须发出来。"以此类比，一个文化企业真正"做活"的硬指标是什么呢？正是它的"商业根须"。我们出版企业的商业根须是什么呢？正是它的"图书品牌"。记得有一次，我们向一位外国金融家介绍自己出版社的优势。当我们说到我们享有哪些国家政策，拥有哪些计划性产品（甚至教材）时，他们都不屑一顾，只有说到我们还有哪些市场化的品牌图书，它们具有什么样的商业品质时，他们才表现出极大的兴趣。他们说："企业购并的关键是要买到市场化的'商业活体'。一个出版公司的活体，就是它的非计划性的品牌图书。尤其是随着中国市场化的深入，计划性的东西很快就会走到尽头。"

写到这里，我有些自责。又是"购并"，又是"国际化"，那么时髦的概念，竟然都没能逃过30年前一个落后的小乡村中的一位农民大爷的"法理"。这是一个农业古国的诡秘，还是我们都脱不出"毛泽东时代"留下的伏笔？总之，我现在才明白，无论世道怎样变化，我在骨子里始终还是一个"下乡知识青年"！

（写于2007年）

一箪食，不改其乐；
一瓢饮，心灵鸡汤

　　在一个巨变的时代里，语言的创新最让人目不暇接。那天见到一篇网络文章，讲的是"世说新语"，或曰"新成语"。文章说，新时代新国家，《成语词典》也需要创新，也需要有新的成员添加进来。于是，该网文就罗列出126个新鲜出炉的词条：爱恨情仇、暗箱操作、凸凹有致、心灵鸡汤、八面来风、不解风情、不伦之恋、春光乍泄、重振雄风、第一桶金、第三只眼、东方不败、横刀夺爱、花心萝卜、见光死……我们知道，网文与纸媒上的文章不同，一个是动态的，一个是静态的。比如，该网文中所列举的126个词汇就是一个变数，因为接龙的人正在与时俱进，不断地把新词添加进来。这不，"正龙拍虎"又跟上来了嘛！

　　我喜欢这样的文章——有信息、有创意、有活力、有智慧。比如，其中的"心灵鸡汤"一词，多有创意，是一个多么形象的联想——竟然把鸡汤的滋补功能，类比到励志教育上来，通俗而形象，科学而人文，亲切而易于接受。

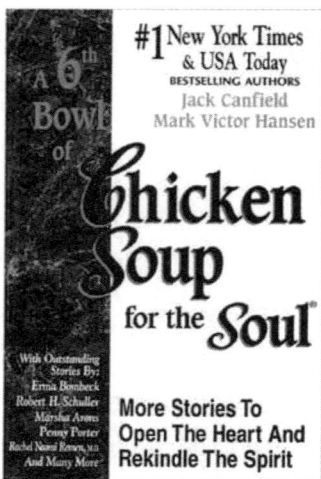

Chicken Soup for the Soul
《心灵鸡汤》

其一，它很有历史感。你知道中国人喝鸡汤的历史有多久了？我查了一下，不见尽头。想当年苏轼曾欢宴赋诗曰："父老喜云集，箪壶无空携。三天饮不散，杀尽西村鸡（《西新桥》）。"类似的佳话不胜枚举。我就想，真应该编一本《鸡汤的历史》。

其二，它从概念到方法，恰好与我们以往的思想教育形成鲜明的对比。且不论"残酷斗争，无情打击"，就是"灵魂深处爆发革命""狠斗私字一闪念"之类的方法，怎能与鸡汤式的"晓之以理，动之以情"相媲美呢？

其三，我孤陋寡闻，原以为只有最讲究吃喝食疗的中国人爱喝鸡汤，没想到西方人也非常看重鸡汤。1993年，两个西方人写了一本大畅销书，名字就叫

《心灵鸡汤》。最初看到书名，我惊叹这词造得有智慧。不过，我以为是译者的意译所为，没想到竟然是直译。它的英文名字 *Chicken Soup for the Soul*，不是"心灵鸡汤"还是什么？看来应该再编一本《外国鸡汤的历史》，或者干脆中西合璧，就叫《世界鸡汤史》吧，呵呵。

不好意思，我是做出版的人，三句话不离本行，总想着编书，听起来还有些搞笑。你还别笑，我也是受西方人的影响。他们搞学问，最看重个案研究，诸如《香烟的历史》《洗澡的历史》《接吻的历史》云云，甚至《放屁的历史》也是有的。添一本《吃鸡的历史》或《鸡汤的历史》，真是再好不过了。

回到正题。《心灵鸡汤》是一本所谓励志类的图书。全书分为12卷，题曰"爱的力量""学习爱你自己""教养之道""学与教""让梦想成真""克服障碍""处世的智慧""给为人父母""死亡与濒死""态度问题""活在你的梦中""从逆境中奋起"。这些问题都很平淡，作者的阐释更奇怪，其实它并没有正面地论说什么，只是在这些题目下，讲了300多个似是而非的故事。让人意想不到的是，《心灵鸡汤》竟然畅销了，一下子红遍了整个世界。于是，全世界人民争相学习，全世界写手争相效尤。类似的图书，跟风的图书，都像庄稼浇了大粪一样，噌噌地冒了出来。

有跟书名的。在"鸡汤"的名下，我们可以随手找到数十种图书。像"儿童鸡汤""爱情鸡汤""应试鸡汤""财富鸡汤""我是鸡汤"……

有跟文体的。《心灵鸡汤》是什么文体呢？论文？小说？散文？杂文？诗歌？都不是。简单地说，它的文体是非传统或反传统的。那又怎么样呢？市场经济的思想主题，就是创新。创新是没有边界的，文体有什么了不起，再加上一个"鸡汤体"不就结了吗？

实言之，从在传统文体的角度上看，鸡汤体的写作确实有些不像话——它不过是一个"故事+感悟"的文字搭配，难怪许多人都七个不平八个不满的。有人批评说，什么样的"堆字"都能成书，这简直是对书的侮辱、对传统的蔑视、对文化的亵渎。

呵呵，你还别生气。我也气过，可定神一想，传统文化中也有这样的文章或书啊。中国古代有一本书叫《二十四孝》，其文体就与《心灵鸡汤》如出一辙。它的题目是"孝感动天""戏彩娱亲""鹿乳奉亲""百里负米""啮指痛心""芦衣顺母"等，没有讲解，只是些精彩的故事，默默地传递着中国"孝文化"的内涵和意义。显然，它们得以流传至今，一定有文体的功劳，或曰"讲故事"的功劳。另外，1993年，我曾经组织编写了一本《中华蒙学集成》，收有"弟子职""千字文""百家姓""程子四箴""神童诗""童蒙训""小学""敬斋箴""训蒙诗百首"……洋洋300万字,其中也不乏所谓"鸡汤体"的例子,好故事实在不少,一定不会比西人的东拉西扯差。

说到这里,事情还没完。"一花引来万花开",大概是《心灵鸡汤》的商业成功,给那些充满创新欲望的写手们注入了活力,壮了胆量,一些千奇百怪的新鲜文体不断地涌现出来。《谁动了我的奶酪》创造了"奶酪体",《你今天心情不好吗》创造了"照片体",《向左走,向右走》创造了"绘本体"……它们都从颠覆传统文体入手,为文化的新势力带来生机。记得在出版幾米的绘本时,我们把样书送给老署长刘杲同志。刘杲同志回信写道:"这是一个新文体,看来传统的图书分类也需要修正。"

还有一件事值得提及。眼下《于丹〈论语〉心得》畅销,许多人也把它与鸡汤勾连起来,说它是"论语鸡汤""学术鸡汤""国学鸡汤""馊味鸡汤""毒素鸡汤""心灵麻药"云云。我细读一下,不由觉得此书果然有鸡汤的元素。在短短5万多字的正文篇幅里,于丹引用了80多条《论语》中的语录和故事,另外讲了近30个古今中外的励志故事,基本上符合"鸡汤体"的"故事+感悟"的模式。

当然，于丹还有自身的创作个性。有人说，它的形式是"励志+国学+央视"，它的内容是"论语+注说+故事"。我觉得，此书更像是一个演讲稿，一个剧本，一个可以点击的文化活体。因此，它的阅读，需要与鲜活的于丹融为一体；它的畅销，需要"百家讲坛"的孕育和催化；它的理解，需要读者的视觉、听觉、嗅觉甚至触觉都一拥而上。鉴于此，我们不妨称之为"于丹体"的写作，如何？

不瞒你说，写此文，我脑海里整天想着"鸡汤鸡汤"的，不觉就被"鸡汤"弄昏了头，甚至迷失了真实与虚拟的界分。那天走进肯德基家乡鸡快餐店，服务生问我点什么？我脱口而出："鸡汤！"地球人都知道，他们的菜单上只有"芙蓉鲜蔬汤"，没有"鸡汤"。我当然也知道，但心里还是在想：一个靠鸡肉横行天下的餐馆，怎么能不卖崇高的鸡汤呢！一定是认识有问题。此事更坚定了我编一本《鸡汤的历史》的决心了。

我跑回办公室，打开电脑，开始构思《鸡汤的历史》写作框架。我先列出一些问题，诸如"在历史名人中，谁最喜欢吃鸡？""最早是在哪一年吃的？""他们留下了哪些吃鸡、喝鸡汤的文字记载？""鸡汤的文化意义是什么？"等。类似的问题，我一口气列了几十个，然后准备逐一输入百度，先搜索一遍再说。请看：

输入：历史名人中谁最喜欢吃鸡?

结果：洪七公，黄鼠狼，猪八戒。

读毕，我当即"晕倒"在办公桌前。

（写于2008年）

有些时候，心灵是很值钱的

前不久，陈平原先生在一篇文章中调侃说，"70年代人们打招呼是'吃了没有'，80年代是'托福了没有'，90年代是'下海了没有'"。21世纪呢？陈先生说是"关键词了没有"。他这一说，我这一想，还真是的，在好长一段时间里，我也颇受"幽灵般的关键词"的诱惑。接着我就想，最近我在"关键"哪个词呢？赶紧在脑海中"百度"一下，跳出来的竟然是——"心灵问题"。

起因是2007年9月莫斯科书展。那届书展的主宾国是中国，我国的文化人、出版人踊跃而至，搞了许许多多文化交流活动。我与苏叔阳先生也带着《中国读本》俄文版赶来助兴。"曲终人散"后，我问苏先生，在此次活动期间，最令人难忘的事情是什么？他说是在一次交流会上，当我们的代表大谈经济增长、文化体制改革的时候，一位彬彬有礼的俄国人站起来说："我更想知道，谁是当代中国的托尔斯泰？更想听到，你们关于心灵问题的讨论。"闻此言，我这个被经济冲昏头脑的出版人还有些迷惘，禁不住反问道："心灵问题的意义何在？"苏先生说："你还记得书展期间，会展中心门前赶来参展的人群吗？莫斯科的市民们自费买票，自动排成蜿蜒的长龙，每天都站满展览馆的整个广场。辽阔的广场是寂静的，人们的表情是安详的，几乎每一个人都在默默地读着手中的书报，彼此间的谈话也都自觉地放低了声音。这样的民族是值得尊重的，也是让人敬畏的。这就是心灵的意义。"苏先生的这段话说得太好了。由此，心灵问题在我的心目中变得庄重起来，自然成为我文化思考的关键词。

在今天经济大热的情形下，讲上面的故事，讲心灵问题，好像有些不合时宜。一定会有人说："你真是有闲心啊。都市场化了，试问心灵能赚钱吗？心灵能当饭吃吗？"我知道，我国的出版业正处在一个历史巨变时期，眼下的主题词是"自负盈亏""企业化""股份制""商业化""上市""中小学教材招标""采购""免费"等等，这些事情似乎都与心灵问题风马牛不相及。何况我们出版人每天都被经济指标、生存问题、发展问题等压得喘不过气来，心脏狂跳不止，哪还有关注心灵问题的闲情。所以，在理想与现实的碰撞中，我心中的热情逐渐地冷却了，"民以食为天"，还是放一放空泛的理想，想一想现实中的吃饭问题吧！

不过，最近发生的一件事情，又使我的思想进一步地陷入矛盾之中。

去年以来，我在工作之余，一直为一家报社写一些关于读书的专栏文章，每月一篇。落笔之前，我总会与几位文化界的同仁坐在一起，讨论一些与出版相关的文化问题。那天，我们讨论的热点是文化普及问题，议论的焦点直接指向央视"百家讲坛"那一干人马。在感叹专业批评环境的缺失之余，我们对一个个演讲者加以闲适的文化判断：某人学识深厚，不愧出自名门；某人谈吐娴雅，未来必成一代名师；某人猎奇学史，哗众取宠；某人讲的是伪学问、真评书，水平却不如袁阔成；某人的风度与口才，有胜于他的学问……

说着说着，就说到了于丹。大家谈论的焦点是她的《于丹〈论语〉心得》为什么会如此畅销。对此，每个人都有自己的看法。当在座的丁宗皓先生给出他的答案时，我一下子跳了起来。他说："因为于丹谈的是心灵问题，很像西方流行的'心灵鸡汤'。"

"心灵问题"——我的关键词！说实话，由于工作需要，我有一个收藏畅销书样本的习惯，但对于此类书，我基本上是不读的，只是放在那里，以备不时之需。所以我也收有一本《于丹〈论语〉心得》，也真的没读过。听到宗皓兄的话，我赶紧寻来翻看，阅后不禁暗骂自己"有眼无珠"。你看，此书的封面上、腰封上和书签上，都写着这样一段话："《论语》的真谛，就是告诉大家，怎样才能过上我们心灵所需要的那种快乐的生活。"且不说于丹对《论语》的这段评价是否准确，她的这本书，确实是在拿《论语》做引子，大谈心灵问题。她从"道不远人"起步，接着就讲了7个俗而又俗的所谓"人生之道"，更加明确的是，其中的第二个道，正是"心灵之道"。此书竟然印了400多万册！试问，谁说心灵不能赚钱？谁说心灵不能当饭吃？

我知道，在逻辑上，我的反问是在偷换概念，有调侃的味道。但是，我的心情还是有些乱了，思绪像山坳间的晓岚一样飘来飘去。我想到文化普及问题——我们究竟应该普及什么？应该怎样普及？我想到大学教育改革——最近复旦大学率先提出"通识教育"的主张，它不是也被西方学者称为"心灵的攀登"吗？我想到眼下的出版改革——我们的商业化情绪是否有些过激过热？我们是否还应该多关注一些文化理想问题、心灵问题？我想到前面苏先生提到的那位俄国人——为什么他发言时的表情，显得那样高傲而平和？我想到2007年9月4日，《人民日报》发表的温家宝同志的诗《仰望星空》，其中一段写道："我仰望星空，它是那样自由而宁静；那博大的胸怀，让我的心灵栖息、依偎。"他为什么要仰望星空？天空与心灵究竟有什么关系呢？……

想着想着，我的目光渐渐地空旷起来，心中又燃起文化理想的熊熊烈火，手中却捧着《于丹〈论语〉心得》，颇为俗气地在那里喃喃自语："有些时候，心灵真是很值钱的。"

（写于2008年）

大国学，一门公正与仁爱的学问

——国学散论之一

说到"国学"，我的思绪一下子被拉到18年前。那是1989年末，一个寒冷的冬天，我在北京一家破旧的招待所里，拜见《光明日报》评论部的三位记者——陶铠、李春林、梁刚建。我问："近来中国学术界有什么新动向？"他们说："'西学'遇到了问题，会有一段时间的沉寂。但是有人提出，现在正是重提'国学'的大好时机，它可能是未来中国学术复兴的机遇所在。"我又问："何谓'国学'？"他们说："我们去见几位专家，见几位大师。"于是，我们一同约见葛兆光、王炎、冯统一，又一同拜见张岱年、庞朴、梁从诫，开始了组建"国学丛书"的工作。

现在"国学"已经大热起来，热得家喻户晓、妇孺皆知。学术界寻找"国学复兴"的源头，还是要提到上面这段故事。因为张岱年先生出任"国学丛书"主编，他写的序言《以分析的态度研究中国学术》于1991年5月5日发表在《光明日报》上——这正是上世纪末"重提国学"的先声。

关于"国学"的定义，多年来一直争论不休。张岱年先生这样定义："国学是中国学术的简称……称中国学术为国学，所谓国是本国之义，这已是一个约定俗成的名称了。"他的界说大体上沿袭了章太炎、邓实、吴宓、胡适等人的观点，中规中矩。更多的定义似繁花或稗草，不胜枚举。比如，有人考证"国学"一词的出处，说它在《周礼》《礼记》中就有了。前者《春官宗伯·乐师》写道："乐师掌国学之政，以教国子小舞。"后者《学记》写道："古之教者，家有塾，党有庠，术有序，国有学。"其实这里讲的是"学校"，并非今日意义上的学术与文化概念。

还有人认为，国学就是儒学，是中国传统文化的精髓部分。或曰，国学就是当代"中国化的马克思主义"云云。还有些学者认为，国学一词无法定义。如钱穆在《国学概论·弁言》中说："学术本无国界。'国学'一名，前既无承，将来亦恐不立。特为一时代的名词。其范围所及，何者应列国学，何者则否，实难判别。"陈独秀的观点更为偏激，他在《寸铁·国学》中写道："国学是什么，我们实在不太明白。当今所谓国学大家，胡适之所长是哲学史，章太炎所长是历史和文字音韵学，罗叔蕴所长是金石考古学，王静庵所长是文学。除这些学问外，我们实在不明白什么是国学？""国学"这一名词，"就是再审订一百年也未必能得到明确的观念，因为'国学'本是含混糊涂不成一个名词"。

季羡林先生历来反对上面的争论。他说，"国学"是一个俗成的概念，除了"脑袋里有一只鸟的人"（德国俗语），大概不会再对这个名词吹毛求疵。但是季先生并非不考虑这个问题。今年3月，季羡林先生于95华诞之前在医院中接受采访，就提出"大国学"的概念。他说："国学应该是'大国学'的范围，不是狭义的国学。国内各地域文化和56个民族的文化，就都包括在'国学'的范围之内。地域文化和民族文化有各种不同的表现形式，但又共同构成中国文化这一文化共同体。"这个观点算是一种大一统式的"文化调和"。

我觉得，对于"国学"概念的解释，庞朴先生的意见比较客观。他认为，在"西学"传来之前，"国学"是指中国所有的学问，而我们今天所谓的"国学"，是相对于"西学"而言的，具有时代的特征。一般说来，今日意义上的"国学"概念，大约只有100多年的历史。这正如前些天我们请陈平原先生所撰写的《中国人》中的观点。他说，"我不能写5000年的中国人"，因为只是在近100多年来，伴随着近现代世界文化的交流，才有了今日意义上的"中国人"的概念。

在我国的近百年间，曾经出现过两次"国学热"：一次是上世纪初，再一次就是今天。总结起来，它们都与西方文化的进入以及中西文化的碰撞有关。第一次是在鸦片战争以后，中国人在失败的反思中，由"师夷长技"渐入学术文化上的"中学为体，西学为用"，中国知识分子产生了巨大的精神危机。顾炎武指出："国有学则国亡而学不亡，学不亡则国犹可再造；国无学则国亡而学亡，学亡则国之亡遂终古矣。"此观点唤起众多精英人物的共鸣，他们为"本国故有学术文化"的拯救与再造献计献策，并由此产生了相对于"西学"的"新国学"概念。在上世纪初的30余年间，"国学热"风起云涌，一代大师或宗师纷纷出现，形成中国近现代学术史最辉煌的时期。

　　第二个重要时期就是上世纪末兴起的"国学热"了。这一次的社会背景是"文革"结束后的改革开放。国家的门户一开，涌进来的不单是强大的西方经济，还有趾高气扬的西方文化。于是，再一次"西学东渐"，再一次文化启蒙，打破了中国知识界的沉寂，思想的枷锁一下子被解开。有趣的是，历史的循环再造了上世纪初的境况。当文化的开放、引进和学习逐渐衍生出"全盘西化"等极端情绪的时候，文化的裂变再一次降临。它重重地撞击了中国知识分子的胸膛，也使他们在迅速地陷入沉思之后，再一次迅速地找到精神依托——"国学"。上述张岱年先生的工作只是一个"先声"，国学真正的热潮发生于1993年。《人民日报》的两篇文章《国学，在燕园又悄然兴起》(3月16日)和《久违了，国学》(前文发表两天后)，作为一种文化潮流的发端，大范围地激活了新时期的国学研究。

应该说，上世纪90年代兴起的国学研究是思想解放的深化，许多当初不敢想、不敢说、不敢做的问题，现在被摆到桌面上来。像文化的多样性问题，这是国学复兴的思想根据。西方学者汤因比说，"文明的河流不止西方这一条"。他总结人类历史，列出了23个社会文化形态：西方社会、东正教社会、伊朗社会、阿拉伯社会、印度社会、远东社会、古希腊社会、叙利亚社会、古印度社会、古代中国社会等等。季羡林先生说，还可以将世界文化划分为四个文化圈：欧美文化、闪族文化、印度文化、中国文化。而第一个文化圈构成西方文化体系，后三个文化圈共同构成东方文化体系。有了这样的类分，我们才有了探讨国学的依据和底气。

还有文化的主导性问题。西方学者一直强调西方文化的优越性，强调他们是世界文化的主导。但是，季羡林先生说，虽然目前是西方文化统治着世界文化的主流，但东西方文化的关系是"三十年河东，三十年河西"。所以在1993年，季先生就预言，"只有东方文化能拯救人类"。此前，汤因比与池田大作的对话中也说过："将来统一世界的人……要具有世界主义思想……世界统一是避免人类集体自杀之路。在这点上，现在各民族中具有最充分准备的，是两千年来培育了独特思维方法的中华民族。"池田答道："从两千年来保持统一的历史经验来看，中国有资格成为统一世界的新主轴。"1984年，张光直先生也预言："我预计社会科学的21世纪应该是中国的世纪。"因为中国古代文明是一个连续性的文明。

这些大学者的判断是有根据的。它涉及国学的本质问题，也就是说，为什么中国文化能够主导未来的世界？因为其中蕴涵着许多人类思想的精华。冯友兰先生就说，基督教讲天学，佛教讲鬼学，中国文化讲的是人学——关于人的伦理道德，关于理想社会人与人的关系，关于人与自然的关系。对此，陈寅恪先生的解说最受肯定："吾中国文化之定义，具于《白虎通》三纲六纪之说，其意义为抽象理想最高之境，犹希腊柏拉图所谓Idea者。""三纲六纪"是伦理道德的准绳，是人的知与行的法则，其中许多内容都是其他文化中所没有的。像"孝"，季羡林先生指出，原来佛教中讲的是无父无君，没有丝毫的伦理色彩，但为了在中国立定脚跟，只能歪曲佛典原文，参入"孝"字，求得生存。还有"天人合一"，它是一个历久常新的观点。钱穆先生说，它是"整个传统文化思想之归宿处"。季羡林先生说，它是"有别于西方分析的思维模式的东方综合的思维模式的具体表现"。

这就是我们美好的国学。18世纪，西方著名作家伏尔泰读到中国的书，对中国文化极其崇拜。他供奉着孔子的画像，还说"中国是世界上最公正、最仁爱的民族"。这不正是对"国学"最好的定义吗？

（写于2007年）

处则充栋宇，出则汗牛马：
举世无双的国学典籍
——国学散论之二

中国学术的内容非常丰富，仅就数量而言，它也是"世界之最"。当初美国人瑞德见到《二十五史》，禁不住叹道："全球上没有任何民族有像中国民族那样庞大的对他们过去历史的记录。2500年的正史里所记录下来的个别事件的总量是无法计算的。要将《二十五史》翻成英文，需用4500万个单词，而这还只代表那整个记录中的一小部分。"

《二十五史》只是一个例证。据上世纪末胡道静先生统计，我国现存古籍总数大约在10万种左右。首先是丛书。中华书局出版的《中国丛书综录》收入丛书38891种，还可补充约5000种。其次是汉文佛教经籍。据任继愈先生统计，此类典籍约4100种。再有地方志约12000种，通俗小说、民间唱本、地方剧本、家谱、碑帖、舆图和兄弟民族语文图书约20000种，其他还有约20000种。

以目前的情况看，这个数字只少不多，因为还有许多新门类的典籍得到整理，许多新途径的发掘和发现亦收获丰厚。比如辑佚书、出土书、少数民族的文化典籍、外国人的中文著作、日韩刻印的中国典籍、家谱、鱼鳞图册、缙绅录、域外收藏的中国典籍、外文翻译的中国典籍等等，这些门

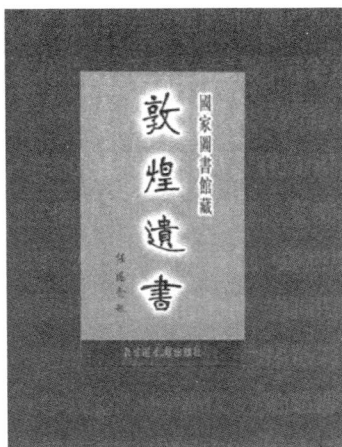

《敦煌遗书》

类的图书的整理是很有意义的。有些书在国内久已散佚，像梁皇侃《论语义疏》10卷，在南宋时已经失传。到了清代修《四库全书》时，有人竟然发现日本有该书的唐代旧本流传，使之失而复得。再以《敦煌遗书总目》为例，这套书共3万多卷，其中我国保存1万多卷。英国人斯坦因、法国人伯希和劫走9500多卷，藏于英国和法国的图书馆或博物馆。俄国人奥登堡劫走1万多卷，但他们对这次搜劫秘而不宣，使我们长期不知被劫书卷的去向和数量，直到上世纪60年代，才由苏联陆续公布出来。

还有家谱、鱼鳞图册、缙绅录等历史资料，我国过去重视不够，有的因为政治原因被称为"变天账"等而被销毁。后来戴逸先生发现，美国家谱学会竟然收藏我国家谱4500余种，其数量之多为世界之最。凡此种种，自然会不断地增添我国典籍的数量。

面对这样庞大的文化积累，近几十年来，我们的认识也有一个变化的过程。最初叫作"去其糟粕，取其精华"或者"批判继承"云云。上世纪80年代，"思想解放"带来文化繁荣，古籍整理的政策也有了些微调整，一些僵化的口号不见了，代之以比较温和的文化述说。比如，人们在强调"以文史哲方面的整理为重点"的同时，将"古代宗教研究"也纳入哲学的范畴。甚至有人提到，"子部"的术数门类，如占候、相宅、相墓、占卜、命相、阴阳五行等，目前不需要花力量去整理，"除非'民俗学'这门学问建立起来，才会去加以过问，现在还谈不上"(李一氓语)。显然，这样的说法大大地软化了"糟粕"与"精华"的提法。到了2000年，季羡林先生提出一个惊人的论点。他说，在不同的历史时期，"精华"与"糟粕"是可以转化的。五四运动提出"打倒孔家店"，视孔子与儒学为"糟粕"，而在今天，孔子名扬天下，谁能说儒学之中没有"精华"呢？这些思想观念的变化，正是今天"国学热"

得以风行的基础。

国学内容的分类，也是一个争论不休的问题。在"西学"涌入之前，中国学术的传统知识分类比较复杂，但并无大的学理冲突。《汉书·艺文志》将典籍分为六类：六艺、诸子、诗赋、兵书、数术、方技；《四库全书总目》分为四部：经部、史部、子部、集部；明清之际的方以智分为三种：质测、通几、审理；还有人分为义理、考据、辞章及经世。上世纪初"新国学"概念出现，章太炎有一个关于国学内容的分类颇为有趣。他在《国学概论》中称，国学之本体是"经史非神话""经典诸子非宗教""历史非小说传奇"，治国学之方法为"辨书籍的真伪""通小学""明地理""知古今人情的变迁"及"辨文学应用"。

在"西学"涌入之后，按照所谓"现代学术"的概念来类分国学的风气十分盛行。张岱年先生就有这样的论说。他指出，中国学术大体包括哲学、经学、文学、史学、政治学、军事学、自然科学以及宗教、艺术等等，其中自然科学有天文、算学、地理、农学、水利、医学等。应该说，这只是一个研究方法的问题。比如，有观点认为，国学研究大致有三个途径：一是从古籍的整理的分类入手，二是着眼于不同历史时期的学术主流的断代划分，三是按照现代学科分门别类展开论说。这样的观点融会了中西文化与古今学理的优点，有利于新时期国学研究的发展。

但是，也有人反对这种"中西文化协调"的方法。梁从诫先生指出，在知识的分类上，中西文化存在着"两个不重合的圈"，有些人想把它们嫁接在一起，搞什么"体用之说"，必然会落得失败的下场。他还认为，中国式的种种"知识分类法"，已经随着国际化的进程，露出了下世的光景，必将被西方式的"现代科学观念"所替代。我觉得，后一种观点有点偏激。数千年来，中国史家强调"辨章学术，考镜源流"，即从研究学术角度来叙录群书，使煌煌典籍得以流传至今。他们的学术创建与历史贡献，越来越受到国人乃至国际汉学界的重视，不能以"不合时代潮流"而加以轻易否定。

近百年来，国学著作的出版很复杂。从出版热情与出版物数量上看，当今是最好的时期。杨牧之先生说："粗略统计，截至2002年，新中国整理出版的古籍图书总计已逾1万种，是现存传世古籍总量的近十分之一。"不过，从学术研究与普及的品质上看，上世纪30年代的国学出版很有独到之处。那时推出的《百衲本二十四史》《四部丛刊》《四部备要》《古今图书集成》《丛书集成》等大型古籍丛书，在近代出版史上形成了一个古籍整理出版的热潮。普及类的出版见于王云五先生的"万有文库"，其中包括"国学小丛书"60种、"国学基本丛书"400种、"学生国学丛书"60种等等。

最让我心动的是王云五先生编辑的"中国文化史丛书"42种，其中有蔡元培的《中国伦理学史》、顾颉刚的《中国疆域沿革史》、胡朴安的《中国文字史》和《中国训诂学史》、李俨的《中国算学史》、白寿彝的《中国交通史》等。直到今天，这些书还在再版，仍然是某些学科的必读书或里程碑。

我由此想到上世纪80年代，李一氓先生提出："古籍的整理工作最终结果应有一个归纳，就是要总结出一部有关学科的概论来，这种整理方法就是研究……研究也是整理，并且是很重要的整理方法。"他划分出文学、哲学、经济、艺术等10个门类，包括43个书名如《中国文学史》《中国音乐史》《中国绘画史》《中国小说史》《中国佛教思想史》等等。他深情地说："假如有一天这40来种研究著作都出版了，我们的古籍整理的局面将大为改观。"以此与上世纪30年代王云五先生的工作比照，两者似乎"英雄所见略同"，但"顶天立地式"的大学者，却再难像王先生那样，聚合得那样整齐。

国学原典的数量太大，后学们的理论著作更是多如牛毛。我在1990年编辑"国学丛书"时，选书的工作主要是由葛兆光先生等人完成的。说是选书，其实主要是选人。再好的国学问题，没有好的专家撰写，也拿不出好东西。像《载道以外的文字》，本拟请钟叔河先生写，他不肯写，别人又写不了，结果未能得以出版。正如《系辞》所言，"苟非其人，道不虚行"。"国学丛书"共出版20余本，成为"经典"的不多，其中有江晓原先生的《天学真原》，最近被收入"中国文库"。记得1995年，葛兆光先生与我讨论"国学丛书"的后续作品，提出一些冷僻的题目，诸如《中国历代植物志研究》《四裔志书研究》《近代乡绅与城市地主的互动》《近代中国民间信仰中的经济伦理》等，找不到名家执笔，只好作罢。所以，站在读者的角度上看，选书首先要看作者，这是一条重要的阅读经验。

说到阅读国学的门径，金克木先生10年前写的《少年时》中有一篇文章《史学老话》，仅千把

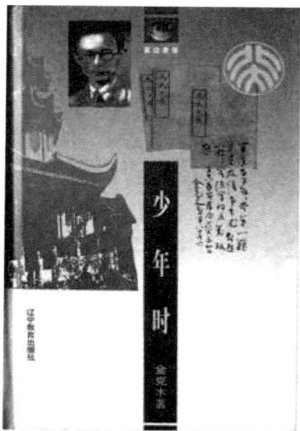

金克木：《少年时》

字，可作为很好的参考。他说："史学指对中国历史的研究。所谓国学大致可以算是别名。"金先生总括1898～1948年间中国学术的状况，以人为线索，列出20个国学研究的主线。比如，康有为—梁启超—谭嗣同：以古为今，以今为古；章炳麟—黄侃—刘师培：是古非今，以今谤古；蔡元培—胡适—冯友兰：移外为今，欲外体中用，结果仍是中体外用。其他还有傅斯年、顾颉刚、李济、夏鼐、王国维、董作宾、郭沫若、唐兰、陈寅恪、钱穆、马建忠、赵元任、罗常培、李方桂、王力、冯承钧、向达、陈垣、汤用彤、许地山、鲁迅、郑振铎、吴梅、李俨、钱宝琮等数十人，金先生一一点明他们的专长与学旨。后人按照这样的路径步入浩如烟海的国学领域，以人索书，以书知理，自然会产生"航标灯"的感觉。

（写于2007年）

国学，使我们诗意地栖息

——国学散论之三

近百年来，我国出现两次"国学热"：第一次发生在上世纪初期，第二次是自上世纪末延至今日的态势。究其共性，它们的发生都与西学的强势有关，"西盛东衰"的历史循环，自然地演化出两个递进的文化环节。在这样的热潮中，我们看到了许多表象的、局部的、片面的东西，但它们不足以说明一段历史的本质走向，更为深层的文化冲突需要引起我们的注意。

我们知道，近百年来，西方经济的强势带来政治的强势，政治的强势又试图转化为文化的强权。在这样的背景下，文化被认为有优劣之分，文明被认为冲突不可避免。冲突的结果自然是优胜劣汰，用所谓的"优秀文明"一统天下。于是，不同的"文明"有了等级之分，任何文明试图与西方文明对话，似乎都有伤于它们的高贵与神圣。

2001年11月2日，联合国教科文组织大会第31届会议通过了一个《世界文化多样性宣言》。这是一个历史性的宣言，它的社会背景是"全球化"的滚滚洪潮，它的思想背景是上面那段"西方文明论",它的学术背景是塞缪尔·亨廷顿的文章《文明的冲突?》(1993)以及以此文为基础的专著《文明的冲突与世界秩序的重建》(1996),它的时事背景是刚刚发生的"9·11"恐怖事件。显然,对赞成文化多样性的观点而言,上述背景都是负面的,但也正是这些"负面背景"的激发,匆匆地催生出这个《宣言》。

《宣言》认为:人类文化的冲突是可以避免的;文化的对话是可能的和必需的,它是人类和平的最佳保证;文化的多样性是人类共同的财富,它正如生物的多样性一样,必须得到保护和尊重;等等。

在这样的世界文化背景下,冷静地审视我们的"国学热",我们一定会产生不同的感觉。应该说,面对如此国际化的文化探讨,中国文化界最为正式的回应,产生于2004年"文化高峰论坛"。会议的主题是"全球化与中国文化",它的形式是产生于民间的,但具有明显的官方色彩。许嘉璐、季羡林、任继愈、杨振宁、王蒙、白先勇、周汝昌、杜维明等80多位学者签署并发表《甲申文化宣言》,再一次敲响了保卫与抢救中国文化的警钟。为什么说是"再一次"?因为类似的事情还有两次:一次是1935年1月,10位教授发表《中国本位的文化建设宣言》;还有一次是1958年元旦,牟宗三、徐复观、张君劢、唐君毅4位教授发表《为中国文化敬告世界人士宣言》。

对于《甲申文化宣言》，赞扬之声不少。曾敏之先生就认为，"这样的警示是极其必要的"。因为西方文化的强势表现已经变了味道，比如美国一位高官大卫·罗斯科普说："未来世界文化一定要由美国文化来支配。"另一位美国人摩根在《国际政治》中说，文化扩张的目的"在于征服并控制人们的心灵，以此改变国家间的权力关系"。事实上，美国的传播势力所向无敌。有人统计，以美国为主的西方通讯社垄断世界新闻发布量的80%，美国电影票房占全球电影市场份额的80%以上，美国控制全球75%的电视节目和80%的互联网信息资源，全世界有50%的语言正在消失。曾先生说，面对这样严峻的局

《甲申文化宣言》

势，《甲申文化宣言》"为世界上许多古老民族、经济欠发达地区的文化命运深感忧虑"，绝非虚语。

余英时先生的评价比较中性。他说，《甲申文化宣言》与清末张之洞提出的"中学为体，西学为用"没有什么区别，"就是中国的道德、政治体制要维持原来的，西方的科技也要接受，那是用"。

当然，反对的声音也是有的。比如，在人权与主权的问题上，在国家与民族的概念上，在"中国特殊论""文明的多样性""文明无优劣""东方价值观"等尖锐的观点上，一些人都有不同的判断。仅以国家与民族的问题为例，《宣言》主张，"每个国家、民族都有权利和义务保存和发展自己的传统文化；都有权利自主选择接受、不完全接受或在某些具体领域完全不接受外来文化因素；同时也有权对人类共同面临的文化问题发表自己的意见"。反对者认为，含混的概念有时会带来思想与行为的混乱，尤其要防止新的专制主义、新的"极左"思潮以及新的极端民族主义乘虚而入。对此，《宣言》签名者之一庞朴先生认为，有国家与政府的参与是一件好事，它使发生于上世纪末的"国学热"发生了"在野"与"在朝"的转变，对于"在全球化的大潮中，中国人能否挺立住我们的民族主体性和文化主体性的问题，以便争取中国文化成为全球多元化文化中的平等的一员"，也是有好处的。

　　争论归争论，问题的关键是在近百年里，我们的民族确实遇到了"生存合理性"的质问。中华人民共和国国歌中表现出的忧患意识，一直笼罩在现当代中国人的心头。南怀瑾先生说："一个国家，一个民族，亡国都不怕，最可怕的是一个国家和民族自己的根本文化亡掉了，这就会沦为万劫不复，永远不会翻身。"这样的话，与300多年前顾炎武先生的话何其相似乃尔！顾先生说："国有学则国亡而学不亡，学不亡则国犹可再造；国无学则国亡而学亡，学亡则国之亡遂终古矣。"这样的话，与3000多年前《周易》中的忧患意识一脉相承。《系辞》曰："《易》之兴也，其于中古乎？作《易》者，其有忧患乎？"当时周文王被囚禁在羑里，作为一个丧失了自由的人，他潜心推演八卦，落手之处，充满了忧患意识与危机感。由此，逐渐形成了数千年来中国知识分子忧国忧民的文化传统。在这一层意义上，"国学热"找到了历史的认同感。

　　对于国学的研究与学习，还有一个现实的题目争议不小，那就是国学的文化定位问题。在整理"国故"的意义上，大家似乎还可以求得比较一致的认同，但是在文化的层面上，争议就很多了，甚至在实用的生活领域，国学几乎成了十足的"反面人物"。因为，它不但"无用"，还"无趣"，只是"一大堆博物馆化的历史遗迹"。用一位外国记者的话说："你们不要一开口就是5000年的历史，还是说一说近300年或近30年的事情吧。"

对此，就国学在精神文化层面上的意义，季羡林先生比较正面地给出了研究国学的现实依据。其一，是为中国特色的社会主义填充内容。他说，科技很难表现出特色，一个国家的"特色"最容易表现在精神文化方面，而这方面的东西大都保留在我们所说的"国学"之中。其二，是"爱国主义"。在反对极端民族沙文主义的前提下，国学研究的目的在于侧重探讨和分析中国爱国主义的来龙去脉，弘扬爱国主义思想，激发爱国主义热情。

比较种种言论，我更喜欢袁行霈先生的观点。他说："经常有人问我'国学究竟有什么用'，要说没用也真没用，既不能当饭吃，也不能教人如何投资赚钱。但其精华部分能丰富我们的精神世界，增强民族的凝聚力，协调人和自然的关系以及人和人的关系，能促使人把自己掌握的技术用到造福于人类的正道上来。这是国学无用之大用，也是人文无用之大用。试想，如果我们的心灵中没有诗意，我们的记忆中没有历史，我们的思考中没有哲理，我们的生活将成为什么样子？"

其实，对于国学的用处问题，我们也可以看一个个案。在1966年"文化大革命"开始的时候，台湾却开展了"中华文化复兴运动"，由此产生了"青年生活规范"、"国民礼仪范例"、"现代国民生活纲要"。他们将每年的4月定为"敬孝月"，编印《孝行传真》，建宗祠修族谱，鼓励三代同堂，并会同教育部门推出了"加强家庭教育的五年计划"等。这些活动深深地影响了那一代台湾青年和学者，使同时代的台湾地区人民的国学水平，明显地好于大陆的那一代人。

最后，面对这纷繁复杂的争论，让我们读一段《共产党宣言》(1848)，它的论断的预见性，真的使我受到巨大的震动。它说："资产阶级在它已经取得了统治的地方把一切封建的、宗法的和田园诗般的关系都破坏了。它无情地斩断了把人们束缚于天然尊长的形形色色的封建羁绊，它使人和人之间除了赤裸裸的利害关系，除了冷酷无情的'现金交易'，就再也没有任何别的联系了。它把宗教的虔诚、骑士的热忱、小市民的伤感这些情感的神圣激发，淹没在利己主义打算的冰水之中。它把人的尊严变成了交换价值，用一种没有良心的贸易自由代替了无数特许的和自力挣得的自由……资产阶级抹去了一切向来受人尊崇和令人敬畏的职业的灵光。它把医生、律师、教士、诗人和学者变成了它出钱招雇的雇佣劳动者。"

记住，写此文时，马克思只有30岁，恩格斯只有28岁。借用他们的论断，对照我们今天所谓"全球化"的现实，你一定会产生更多的感受。

（写于2007年）

"孔子曰"——中华文明全球化的标牌

——国学散论之四

前不久，我们请几位专家讨论"文化走出去"的问题，座上有庞朴、陈乐民、资中筠、沈昌文、孙机、陈冠中、于奇、查建英、钱满素。我们说，为了向外国人介绍中国文化，我们已经出版了苏叔阳《中国读本》，并将它陆续译成英、德、俄、朝、蒙等10余种文字。我们还请赵启正写《在同一世界——面对外国人101题》，请陈平原写《中国人》，请苏叔阳写《西藏读本》，请王元化主编《认识中国》等等。我问，还应该做些什么呢？

这是一个热门话题，大家七嘴八舌讨论得很热烈。来自香港的学者陈冠中先生的发言，让我思索了很久。他说："要想向外国人推介中国文化，你首先要知道外国人怎样看待中国文化。然后，我们的工作才能做到有的放矢。"他接着说："你知道在外国人的头脑中，哪一个中国人最有名？当然是孔子。比如，他们在说到中国古代的一些名言、佳句的时候，经常会认真地抑或调侃地在前面加上一句'孔子曰'（Confucius says），甚至也不管那句话是不是孔子说的。我觉得，针对这种现象，倒真可以写一本《孔子曰》。"

这真是一个好主意。我由此联想到眼下世界各地迅速创建的"孔子学院"，联想到1999年美国兰登书屋出版的《孔子住在隔壁：东方教导我们西方应如何生活》，也想到前些年罗文演唱的那首怪怪的流行歌曲《孔子曰》。不过，我更想知道的是，作为中国文化的代表，孔子在西方人的心目中究竟是一个什么样的形象。

说起来，孔子对于西方的影响确实不小。最近读到一本好书，题曰《中西文化交通史》（岳麓书社），繁体竖排，有1000多页，作者是方豪神父。其中第四篇第十三章"中国经籍之西传"，我特意挑出来，一口气把它读完。它讲的是明末清初之际"东学西渐"的一段历史。那景象是极其壮观的，大批西方著名学者参与进来，大批中国典籍被翻译出去，诸如利玛窦翻译《四书》（拉丁文，1593），金尼阁翻译《五经》（拉丁文，1626），殷铎泽、郭纳爵翻译《大学》《中庸》《论语》（拉丁文，1662～1669），白乃心翻译《四书》《孝经》《幼学》（意大利文，1711；法文，1786）并写了一本《中国杂记》，卫方济翻译《孝经》《幼学》（拉丁文，1711；后又译成法文）并著《中国哲学》。到了雍正、乾隆年间，中籍西译的事情继续进行。

单从数量上看，那一轮"文化走出去"也让人敬佩，尤其是这些译著的翻译质量不容低估。当然，这得益于有那样一些西方学者的主持，再加上当时中国皇帝的大力支持。比如，1693年法国科学院院士白晋就曾经受康熙之托，将49册中文书送给法国路易十四国王。他还遵循康熙的旨意研究《易经》，写成《易经总旨》（莱布尼兹《中国近事》，1697）。由此形成的文化交流，很有规模和阵势。

说起来，这一番"热闹"发生的原因也有些蹊跷。方豪神父写道："介绍中国思想至欧洲者，原为耶稣会士，本在说明彼等发现一最易接受福音之园地，以鼓励教士前来中国，并为劝导教士多为中国教会捐款。不意儒家经书中原理，竟为欧洲哲家取为反对教会之资料。而若辈所介绍之康熙年间之安定局面，使同时期欧洲动荡之政局，相形之下，大见逊色；欧洲人竟以为中国人乃一纯粹有德行之民族，中国成为若辈理想国家，孔子成为欧洲思想界之偶像。"

就这样，孔子的名声在西方世界迅速地传扬开来。在比较文化的意义上，西方人总愿意把孔子与他们的一些人物、学说对照起来，用以说明在西方文化之外，还有一个"另类文明"的乐土，它们在某些方面，甚至有胜于基督教文化的社会。比如他们认为，在人类的历史上，有三个值得尊敬的伟大人物，他们都没有留下自己"亲笔"的作品，但是他们都有一部与之密切相关的著作，对人类文明产生了重大影响。其一是孔子，以及由他的学生在他去世后撰写的《论语》；其二是苏格拉底，以及由他的学生柏拉图在他被处死以后撰写的《辩白》；其三是耶稣，以及由他的门徒在他被钉上十字架后几十年里完成的《福音书》。

在内容上，孔子的学说也让西方人感到震惊。耶稣曾经说过："你们想让别人怎么对待自己，就应该怎么对待别人。"这句话是西方道德规范的"黄金律"

柏林孔子学院

之一。但是，当罗马传教士来到中国，看到孔子的名言"己所不欲，勿施于人"的时候，他们感到目瞪口呆，因为耶稣比孔子要晚整整5个世纪！至今，德国柏林得月园的入口处，还矗立着两米多高的大理石孔子塑像；塑像花岗石的基座上，正是刻着"己所不欲，勿施于人"这句名言。

西方人也试图将孔子的学说更进一步地纳入他们的认知体系。比如意大利的利玛窦，他称孔子的哲学是"道德哲学"。他在《基督教远征中国史》（1610）一书中写道："孔子的自制力和有节制的生活方式使他的同胞断言，他远比世界各国过去所有被认为是德高望重的人更为神圣……孔子的这九部书（即"四书五经"。——笔者注）构成最古老的中国图书库，它们大部分是用象形文字写成的，为国家未来的美好和发展而集道德教诫之大成，别的书都是由其中发展出来的。"

德国的亚斯贝斯把孔子的学说称为"历史哲学"，他是从"述而不作，信而好古"这句话中得到的结论。他说："这种哲学把自己等同于古代的传统……犹太预言家昭告上帝的启示，孔子昭告古代的声音。"（《大哲学家》，1975）

康德说，孔子是"中国的苏格拉底"；黑格尔说孔子哲学是"中国的国家哲学"；施宾格勒说，孔子是

"像毕达哥拉斯和巴门尼德、霍布斯和莱布尼兹一样的政治家、统治家和立法家";威尔斯说，"孔子的教导集中于一种高尚生活的思想，他把这种思想集中表现为一种标准或理想，就是贵族式的人——君子";伏尔泰干脆在家中供奉了孔子画像，朝夕膜拜；托尔斯泰在日记中写道："1884年3月11日。孔夫子的中庸之道是令人惊异的……这是智慧，这是力量，这是生机。"

当然，事情的发展都具有两面性。在这一轮"东学西渐"中，西方对中国的认识，也存在大量的曲解、误解和不解，甚至还有歪曲和丑化中国的观念。比如，伏尔泰太热爱中国文化了，所以他在赞扬孔子的时候，不由自主地加入了一些文学的想象。他写道："在他的书里，我们看不到格调低下的文字，也看不到荒谬的讽刺。孔子有5000弟子，他其实满可以作为一名强有力的派别首领，但是，他宁愿去教导人们，而不是去统治人们。"

更为有趣的赞扬出现于赛珍珠的笔下。她说，孔子影响了她的思想、行为和个性，孔子是她人生的参照系。当听到林语堂说"与西方国家相比，中国是一个女性气质的国家"，赛珍珠立即说："我肯定，这一特性是受孔子思想的影响。"当谈到孔子的那句名言"唯女子与小人为难养也"时，她说："孔子对妇女评价不高，我敢说，这是由于有一个专横的、傲慢的妻子的缘故。"

当然，还有很多不良的评价。孟德斯鸠就说："虽然中国人的生活完全以礼为指南，但他们却是世界上最会骗人的民族。"亚当·斯密说："中国人不理解外贸的意义，他们认为外国人跨海而来，是到中国乞讨。"大卫·休谟甚至说，中国的科学进步如此缓慢，正是由于孔夫子那样的先生们的威望和教诲遍布于中国的各个角落，后辈们才没有提出异议的勇气。

康德的话更让人难为情。他说，当你在中国购买一个瓷罐时，如果你指出这是一个造假的作品，"中国人并不感到羞愧，只是叹息自己手艺的不高明"。康德俨然是一个"中国通"。他说，在中国，有学问的人都不剪去左手的指甲，女人们整天低垂着眼睑，商人往出售的鸡嗉子里填沙子；他们用餐时，所有的饮料都热着喝，包括葡萄酒——可饭菜却吃凉的；一顿饭要吃三个小时；人们弃婴不违法，等等。

最让人难过的评价来自那位大哲学家——黑格尔。他在《哲学史讲演录》中写道："《论语》中所讲的是一种常识道德，这种常识道德我们在哪里都能找得到，可能还要好些，这是毫无出色之点的东西。孔子只是一个实际的世间智者，在他那里思辨的哲学是一点也没有的——只有一些善良的、老练的、道德的教训……我们根据他的原著可以断言：为了保持孔子的名声，假使他的书从来不曾有过翻译，那倒是更好的事。"

上面对于中国文化的言论，无论是褒扬还是贬损，都有其认识的道理。问题的关键是，这些言论产生于西方文化的主流体系中，它们的影响是很大的，有时是久远的。近年来，不是还有某位西方政客在散布"中国煮婴论"么？应该说，让西方人真实地了解中国的昨天、今天和明天，我们还有许多事情要做。而孔子是中国文化"走出去"的一个"眼"。对西方人而言，他们由孔子而探测中华文明的堂奥，如"管中窥豹，可见一斑"。对中国人而言，"孔子曰"实在已经成为中华文明走向世界的一块标牌，就像一个知名品牌的商标一样，它需要得到品牌拥有者的爱护与培育。正所谓"历史的印迹需要修正，现实的中国需要说明"，这些都是我们深化改革和扩大开放的时代责任。

写到这里，我的耳边不由得又响起前些年罗文演唱的那首充满谐谑的《孔子曰》。其中那段伴唱咿咿唔唔，在耳鼓间挥之不去。歌云："孔子曰非礼勿视，孔子曰非礼勿听，孔子曰非礼勿言，孔子曰非礼勿动。"

（写于2007年）

启蒙时代，
我搜到一张充满个性的书单

　　上世纪80年代，"十年动乱"刚刚结束，人的思想一下子解放开来，整个社会都进入一种集体亢奋的状态，学习的拼命学习，思考的放开思考，不觉形成了10余年的文化繁荣。只是在历史的时段上，这个过程有些孤立且短暂，前面的"文化革命"与后面的市场经济，把80年代隔离成一个精神孤岛。虽然那个时代离我们并不遥远，但它有时却像海市蜃楼一样，在超时空的文化海洋中飘浮，让人忽而围观，忽而热议，忽而迷惘。比如，对于"80年代究竟是一个什么样的时代"这样一个基本问题，人们的说法就多得不得了：

　　　　李泽厚：思想家凸现的时代；

　　　　查建英：浪漫时代，像美国60年代那样；

　　　　阿城：前消费时代；

　　　　金观涛：继"五四"新文化运动之后，第二个思想启蒙的时代；

　　　　甘阳：最后的文化人时代；

　　　　陈平原：充满批判精神的时代，或曰它还属

于五四时代；

　　洪晃：一个悲壮的时代，那才叫有文化呢；

　　许多人：中国的"文艺复兴时期"（朱大可：应该是文艺复苏）；

　　……

　　在这里，最让我感兴趣的是"思想启蒙"概念被重新提起。它把80年代直接接续到遥远的"五四"时期，再神游到18世纪欧洲思想启蒙运动，以及更为遥远的14～16世纪欧洲文艺复兴运动。有了这样的联想，短暂的80年代就变得高大起来了。因为从第二次鸦片战争算起，历经洋务运动、戊戌变法和辛亥革命，直至"五四"新文化运动，中国的思想启蒙运动也有了百余年的实践历程。这一历程能在80年代得以继承和复苏，实在是一件了不起的事情。

　　问题的关键是，如此悬空地拔高80年代的历史地位，有什么根据呢？这一问，肯定会引来许多有识之士铺天盖地的"抢答"。时代变了——那些上承五四传统的老辈们多已驾鹤西行；昔日当红的小生们，也被一股一股的时代潮流冲得七零八落；仅存的艾略特与海德格尔的诗性情结，根本无法把握或独占当下的论坛。比如，面对80年代，我们充满浪漫与理想的宏大叙事，已经被王朔、梁左的新文体所颠覆，人们没有

265

办法再板起面孔述说"那过去的事情";我们饱含屈辱与希望的"寻根情结",已经被全盘西化的极端情绪所重创,不自觉中又堕入"国民性批判"的圈套;我们高扬起"人的解放"的旗帜,出版卡西尔的《人论》,一年就印了24万册,译者甘阳却说:"主要观点么,不相干的,为什么畅销?就是因为这个书名。"你说是文艺复兴,他说是久病后的蹒跚起步;你说是荆轲式的文化斗士,他说是不敢刺秦王,却去刺孔子;你说是人的文化结构的重建,他说是找寻阿Q精神失灵后的新依托;你说是激情年代,他说是被创新之狗追得连在路边撒泡尿的工夫都没有;你说是值得记忆的东西太多了,他说是记忆失真,恍如隔世;你说那是一个国家、一个民族的文化恶补,他说算了吧,只不过是先上吐下泻,再慢慢进补;你说80年代的文化人找到了共同的话语,他说所以才有了后来人们的集体失语;你说是思想启蒙运动,他问你谁是80年代中国的伏尔泰?你说那个年代,一想起来就让人激动,他们却问:前辈,你们究竟激动什么?

就这样,我们陷入一种表述的困境,也可以称之为"新旧语境的交织与冲突"。每当一个正统的文体被用来说明一个正统观点的时候,都会出现一个或许多个非正统文体的正统或非正统的观点,与之如影相随。

这个影子或者可以称之为"王朔式"的，它类似于西方的黑色幽默，我们叫"调侃"，又叫"拧巴"。有趣的是，近20年来，这种非对称的文化范式化成一种流行时尚，在我们的社会中弥漫开来，让崇高感到落寞，让精英们有了自恋、自虐或自嘲的味道。不信的话，你注意一下今天影视、小说、戏剧等艺术形式的语言，几乎处处都充斥着此类诙谐或调侃的情绪。在这样的语境中，我们评说充满使命感和理想主义的80年代，自然会产生失语、滑稽或混乱的感觉。

是啊，80年代，我们刚刚经历一场漫长而残酷的文化浩劫，突然之间东方吐白、万物复萌，新环境的构建尚属阙如，许多个性化的东西却迫不及待地喷涌出来。说起来，我的身份也属于那个年代的主流人群，许多时髦的概念都在我的身上演化过，诸如此前的"黑五类""狗崽子"，其间的"77届大学生""知青一代文化人"，此后的"文化反思""国学热"云云。说句心里话，我非常喜欢80年代的生活情调，因为人的个性解放以及个人摄取文化的过程，都有了社会进步的意义。"启蒙运动"的英文为Enlightenment，其本义是"光明的时代"。而那时我们的情操，确实是在自觉自愿的状态下，向着"光明"贴近。有些幼稚，所以失望；由于失望，故而难忘。但在这一层意义上，80

年代确实具有思想启蒙的基本属性。

我们知道，西方走出中世纪的黑暗而步入文艺复兴和启蒙时代的光明，正是以13世纪德国人古登堡发明活字印刷术为起点的。印刷机使人们走出教堂，用对国家的爱取代了对上帝的爱；印刷机创造了"作家"的概念，使个性的表述、个人奋斗和个人主义有了阐释的可能（比如蒙田发明了个人随笔的文体，赞美个人历史而不是公众历史，他甚至只赞美自己，赞美自己的特立独行、怪癖和偏见）；印刷机使阅读成为私人的事情，成为一种反社会的行为，对抗上帝暨神父的话语霸权，让读者回归自我，回到自己宁静的心灵世界。

卡西尔：《人论》

相比之下，我们可以清楚地看到，80年代也出现了一个出版繁荣时期。虽然我们的起点不是"印刷机"，但是，经历了长时间的出版与阅读的禁锢之后，突然的解禁让人们欢喜若狂、手舞足蹈，甚至有些不知所措。"三五年就把西方作家一个世纪各种流派都给过了一遍，然后不就是拿诺贝尔啊、出大师啊、传世之作啊什么的"（查建英语）。此时，我们似乎看到了启蒙时代的影踪。有些短暂，所以幼稚；由于幼稚，故而更加让人难忘。

就这样一路思想下去。

那一天，我静夜沉思，同时在互联网上闲逛。突然，我搜到一张书单，题目叫《私人的阅读史》，讲的是80年代的读书生活。它的作者叫"数帆老人"，显然是一位读书的行家，因为他的阅读充满了个性。跟帖的人很多，其中亦不乏高手，大家不但评说，还补上更多的书目。作者开篇写道："对我来说，上世纪80年代是阅读的狂欢时代。我和那个时代大多数中国青年一样，患上了阅读饥渴症，在整个10年里似乎除了读书没什么别的事好做，逮着什么读什么，囫囵吞枣，不求甚解。那10年也是出版业的黄金时代，出书不花钱。出了多少好书？不知道，反正读不完。"

接着，他开始了长达3个多月的阅读回忆，一共讲了23段关于书的故事，涉及的丛书有数十套。这些丛书有"外国文艺丛书""二十世纪外国文学丛书""外国文学名著丛书""美国文学史论译丛""21

269

世纪人丛书""外国现代惊险小说选集""文艺探索书系""获诺贝尔文学奖作家书系""作家参考丛书""文学新星丛书""当代外国文学丛书""汉译世界学术名著丛书""20世纪文库""美学译文丛书""走向未来丛书""外国著名军事人物丛书""兔子译丛""20世纪外国大诗人丛书""八方丛书""外国历史小丛书""外国著名思想家译丛""猫头鹰文库""三个面向丛书""宗教与美学丛书""青年译丛"，以及三联书店的丛书群、上海人民的丛书群、上海译文的丛书、两套"法国文学丛书"、两套"外国短篇小说选"和几套评介新知的丛书等。

我急匆匆地翻看，一口气读到篇末，抬起头，已是五更时分。眼中的泪，洒落在桌上、屏幕上，化作斑斑点点的痕迹。是困倦，也是心花的绽放。展一展腰身，我叹道："这正是思想启蒙的主线。"

（写于2008年）

春山下，我听到杜鹃鸟悠然的呼唤

回顾近30年的文化流变，传统文化的处境如何呢？我们可以在时间的维度上，将它粗线条地划为三个段落。

第一段是"文革"结束后到上世纪80年代末。在这个时段里，传统文化的处境不是很好，前有"十年动乱"的摧残，接着是门户开放后，西方文化的大量涌入。以标志性的"三大丛书"为例，"走向未来丛书"和"文化：中国与世界"，几乎是清一色地介绍西方文化，只有"中国文化书院文库"，在梁漱溟、启功、邓广铭、张岱年、汤一介、季羡林、王元化、庞朴、饶宗颐、杜维明、林毓生诸位的操持和参与下，自然构成传统文化研究与复兴的营垒。不过，作为80年代的亲历者，我总觉得，汤先生等人的工作，除了"新儒学"之外，其他方面的表现都有些冷清，远没有金观涛和甘阳们的"西学东渐"来得强劲，来得时尚，来得风光。

在这个时段里，还应该提到"寻根文学"的出现。改革开放后的一段时间里，传统文化的断裂与缺失，让我们的文学创作产生了巨大的恐惧感与迷失感。从城市到乡野，从诗歌到小说，文化的制约与人的解放，不断地向作家们提出尖锐的挑战。1985年，韩少功的《文学的根》一文，击中了人们的精神痛点。可以说，他是对上述现象的一种理性的反思与回应。假如这样的思考深化下去，弘扬开来，并引导我们的实践，也许我们真会看到中国式的但丁、塞万提斯、莎士比亚，以及后来的伏尔泰、孟德斯鸠的出现。有趣的是，几乎在文艺界"寻根"的同时，我们看到了柏杨先生的《丑陋的中国人》，听到了"蓝色文化与黄色文化"的比喻，并最终汇成"国民性批判"的怒吼。有人说，这是"五四"反传统与批判精神的余绪。柏杨先生说，其实他远比鲁迅高明，不然这个民族还能进步吗？

第二段是上世纪90年代初"国学热"的兴起。此前，我曾经多次谈到我于1990年组织出版"国学丛书"的情形。我们请来的组织者，几乎都与作为传统文化复兴的先声的中国文化书院有关，像张岱年、庞朴、梁从诫等。做这样的事情，我最初还有些迷茫：一是不了解国学的意义；二是面对国学概念的凸显，总想到一些政治因素。这样的思维方式，当然是"文革遗风"了。诸如"不是东风压倒西风，就是西风压倒东风"，还有胡适的"少谈些主义，多研究些问题"等等。

后来，随着80年代末的文化变迁以及90年代传统文化研究的不断升温和主流化，我才叹服那些老先生的高明。他们中的领路人，毕竟经历过五四运动的洗礼，他们深知五四精神的真谛。面对时势沉浮，他们如此地冷静，守得住本性，一面积蓄能量，一面在新的时段中等待复苏的机会。

第三段是新世纪国学通俗化和世俗化风潮的出现。其实这个潮流最先发端于海外。记得上世纪80年代，我到一家"内部书店"找书，发现一套台湾郑石岩先生的著作，题曰《清心与自在》《禅语空人心》《优游任运过生活》《禅悟与现实》。当时看到那样的写法，我倍感新鲜，读得如醉如痴。此后又陆续看到蔡志忠的漫画《庄子》、南怀瑾的《论语别裁》等等。现在，我们也有了于丹。他们都在向大众解读传统文化的经典。有评论说，这是中国式的"心灵鸡汤"，我非常赞成。尤其是郑先生的书，讲传统、讲佛学、讲儒学、讲中国人的人生观、讲中国人的行为规范，读起来确实可以静心、清心。我由此想到斯宾诺莎式的上帝，爱因斯坦式的宗教情感——正是这样的东西，帮助西方人在走出中世纪之后，找到了新的精神依托。近百年来，我们怒气冲冲地打倒了"孔家店"，又洋洋得意地完成了对"阿Q精神""酱缸文化"之类的国民劣根性批判。然后呢？一个偌大民族的无助目光，瞄向梵蒂冈还是耶路撒冷的哭墙？在这一层意义上，我们是否可以说，现在的一些传统文化的普及工作，正是中国人对于自身信仰、道德与礼仪的精神再造，只是商业化与国际化的新花样，扭曲、夸大或俗化了我们的外部行为？将传统文化的普及作为主流意识的做法，还应该得到肯定和坚持。

其实30年太短暂了，它还不足以承载一个划时代的命名。这一点，金观涛先生说到了。陈平原先生更加清楚地指出：

南怀瑾：《论语别裁》（上）（下）

"再过两百年，谈论20世纪的中国，如何命名？不是启蒙时代，也不是革命时代，很可能是五四时代。她的包容性更大些，既是革命，也是启蒙，有民主与科学，还有现代民主国家等。"现在的问题是，经过数十年的风风雨雨，"五四"的形象已经在我们的记忆中模糊起来，混乱起来。回顾30年间，针对五四精神，学术界大致形成了三股思想潮流。

一是反思"五四"。这方面的学术文章很多，源源不断，对"五四"有褒有贬。客观地说，这一干人马是比较了解五四的。我时常私下里笑道："这些家伙，动不动就拿五四说事儿。"1989年，甘阳先生在《读书》上发表文章《自由的理念——五四传统之阙失面》，讲到知识分子的社会责任问题，实际上是在阐释杜威的"真的个人主义"即个性主义黄金般的价值。他批评中国知识分子个性解放的不彻底以及社会独立意识的偏颇，并将这些归咎于中国传统文化的落后，乃至指责五四精神的阙失。其实这样的精神，正是五四传统的核心。近读《胡适全集》，其中一篇写于1935年的短文《个人自由与社会进步——再谈五四运动》，其论说让人震撼。在此文中，胡适对张奚若先生《国民人格之修养》一文大加赞赏。他们强调的五四路径，正是由思想解放到个人解放，最终达到一种易卜生式的"健全的个人主义"。应该说，我们这些年的许多有价值的"反思"，还没有跳出胡适的论调。

二是批判"五四"。这一思潮认为，"打倒孔家店"的口号，引领了近百年中国反传统的恶浪，造成中国文化的断裂。持此观点的人甚至将"文革"时期的反传统与"五四"混为一谈，说什么"'文革'中'批林批孔'之类的事情都发端于五四精神的不良影响"。客观地说，这些人是在曲解五四，或者还没有真正地了解五四。今年一月，资中筠先生发表《不能把五四新文化运动与文革相提并论》一文，认真分析了五四所谓"反传统"与"文革"反传统的不同。她提示我们，要认真学习五四，了解一个真实的五四。五四不是盲目反传统的，它的方向是向前的，它对传统的批判是有分析的，它并没有造成中国传统文化的断裂。最后，资先生再次给出定义："所谓五四精神，就是承载了中国优秀传统的知识分子吸取外来文化之精华，以复兴我中华的精神。"

三是回归"五四"。我第一次听到这个观点，还是在1999年初。当时《万象》杂志创刊，它的孪生产品是"万象书坊"，其中收入舒芜先生的一本文集，题目就叫《回归五四》。当时我并未在意，也没有很好地阅读此书。没想到近年来"回归"之声日渐嘈杂，我才想起那个书名。寻来《回归五四》，读舒芜先生的后记，不禁大为惊讶。他说，清理一生的思想基点，剩下的"只有尊五四，尤尊鲁迅，反儒学，尤反理学，反法西斯，尤反封建法西斯这几点，大致还能保存；其中有的例如个性解放思想虽被我宣布抛弃了，有些淡化了，生锈了，但大致还能寻回来，磨濯干净。"

读着舒芜先生的这一段生命之言，我联想到上世纪90年代中期朱学勤先生在《愧对顾准》一文中，呼吁我们这一代人，要与"70岁左右的那一辈老人"在思想上接轨，因为他们"也许是目前大陆上尚能保存早年所受民主教育与人道底色的唯一一代人"。类似的观点，陈平原先生也说过。他说，在当年77届、78届大学生中，出现过一个奇怪的现象，那就是学术上的隔代遗传。他说："八十年代的我们，借助于七八十岁的老先生，跳过五六十年代，直接继承了三十年代的学术传统。"他提到的名字有：容庚、王季思、黄海章、吴宏聪、王瑶、林庚、吴组缃、季镇淮、洪谦、熊伟、冯友兰、张岱年、邓广铭、张芝联……这样的怀旧情绪，一直延续到90年代。

落笔及此，恰逢一场春雨掠过。望外的山峦，还是渐渐地绿了；林间的杜鹃鸟，发出一阵阵悠然的鸣叫。那叫声，有的人说是"布谷，布谷……"有的人说是"民贵，民贵……"我的耳中，却听到一个富有诗意的古韵：不如归，不如归……

（写于2008年）

挽一湾春水，望一带青山
——改革开放30年答问

从一次采访说起

眼下，"改革开放30年"是一个热门话题。有趣的是，我发现，不但我们关心这一段难忘的历史，海外也十分重视对于我国这一时期的了解。因为在这30年间，中国发生了太大的变化，不了解这些变化，就没有办法了解今日中国飞速发展的奇迹。

7月，我的文集《一面追风，一面追问——大陆近二十年书业与人物的轨迹》在台湾出版。为此，台湾著名的广播电台News98，对我进行电话录音采访。主持人刘俊耀先生提出的采访主轴是：人、书、文化、时代，旨在请我站在出版人的角度，谈一谈"文革"结束后，大陆文化一些阶段性的变化。预定的采访时间是40分钟，每10分钟谈一个问题。这几乎是一次随机的采访，因为我刚刚开会回来，此前他们通过MSN发来的"采访提纲"也未见到，所以我只是在连线前作了片刻的思考。

好在改革开放30年的话题，已经在我的心中涌动了很久。台湾的刘先生还一再强调眼下海峡两岸文化经济交流的热络，以及用同宗同祖、乡音如缕之类的话语，一下子拉近了彼此的距离，勾起了谈话的兴致。采访开始，第一个问题是"时代的阶段性分析"，我与刘先生谈得兴起，刚刚谈完这一个问题，加上3个广告隔断，40分钟就过去了。刘先生说，他虽然到过大陆，还去过沈阳、大连，但是今天围绕着"书与人"的文化讨论，还是让他倍感新鲜。他相信台湾的听众也一定会感兴趣，所以希望能再与我连线，把下面的题目做完。

恰逢此时，《编辑学刊》的编辑发来短信，希望我谈一谈改革开放30年以来，我国出版业的进步和发展。读罢来信，我的思绪马上与上面的采访联系起来。我特别想到，现在人们一窝蜂似地"回忆"，往往流于重复，而台

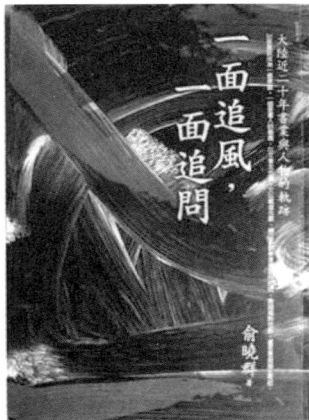

俞晓群：《一面追风，一面追问》

湾媒体提出的问题，有他们的角度，有他们的思考，值得写出来，供大家思考。

30年的阶段性分析

刘俊耀先生问："经常听到人们议论，大陆近30年文化流变也有一些起伏与波折。你怎么看？"

我大体上接受一种三段论的说法。

第一个阶段是上世纪80年代，它被称为具有启蒙意义的时代。这个"启蒙"，当然不是中国古代蒙学意义上的基础教育的启蒙，而是类比于欧洲18世纪的思想启蒙运动。其实这仅仅是一个类比，从历史文化背景到启蒙的意义，它们都有着许多不同；相同的，只是在出版的繁荣上。说起来，欧洲的思想启蒙运动是以此前的文艺复兴运动作为前奏的，而文艺复兴的一个重要的出发点，正是13世纪古登堡发明活字印刷技术。首先，活字印刷术的流行创造了"作家"的概念，使人的个性表述成为可能；其次，它让人们走出教堂，使阅读成为个人的事情。这些都成为后来思想启蒙的重要因素。而我国上世纪80年代，也出现了一个出版大繁荣的时期，主要的特征是以我国的门户开放为背景，经济的开放带动了西方文化进入中国的热潮，一时间文化界大量地译介西方著作，同时也使我国传统文化学习得到复苏，人们的阅读热情更是空前的高涨。

第二个阶段在上世纪90年代。它的社会背景是市场经济的逐步建立和强势发展，文化的走向是在80年代轰轰烈烈的启蒙之后，却经历一段思想的反思与重新起步。这一次的文化主线是国学概念的再现与传统文化类出版的兴起。它最初的表现是以学术研究为主导，侧重于"国故"的重现与整理。同时，它也带动了传统文化普及的热潮。但是，伴随着商品经济的飞速发展，文化的表现越来越多元化，尤其是西方"畅销书"概念的涌入，将市场化的观念融进我国的出版界，为后来出版改革的深化铺设了一些商业化的阶梯。

第三阶段是在世纪之交以来。在这一阶段里，有两个重要的词汇：一是"集团化"，一是"商业化"。集团化的意义十分丰富，它最初的表征是政企分开，接下来走出三条主线，即企业化、地域化和管理的准行政化倾向。至于商业化，本来是集团化的伴生物，不料中小学教材的政策变化，冲破了"朝阳产业"憧憬中的姹紫嫣红，唤醒了出版人的生存意识。结果，出版业内出现两个极端的情绪：一个是"极端商业化"，它的标志性口号是"必须本本书挣钱"；再一个是悲观的情绪，认为书业本来就是一个微利产业，文化理想与商业利益本来就是针锋相对的。这样的认识是很值得商榷的。

关于人物

刘俊耀先生问："30年来，你接触过哪些难忘的学者和文化人，值得向台湾听众介绍？"

我愿意将他们划分为四代人。一是老一代，我结识过张岱年、金克木、周振甫、陈原、柯灵等人，如今他们大多已经过世了；二是中生代，他们接受的是新中国成立后直至"文革"时期的教育；三是新生代，像葛兆光、陈平原、葛剑雄、江晓原等，他们是"文革"后涌现出的一代学人；四是晚生代，即"60后"以降，尤其是"80后"一代人，其产生之初被称为"见神杀神、见佛杀佛"，充满了弑父情结，现在就成熟了不少，世俗了不少，很有趣。

我最难忘的是那老一代的学人，他们历经中国百年的蹂躏，依然思想完整，历久常新，我们不能不惊叹他们早年接受的教育的卓越与成功。记得"文革"结束后，压抑了10余年的大批青年人，积聚在一年中陆续涌入恢复招生的大学，其中产生了许多社会各界的精英分子。今天，他们中的许多人都庆幸能够赶上聆听那一批老学者、老文化人的教诲。他们还感叹：为什么经历了那么长久、那么多次严酷的年代，这些老先生的思想与情操竟然没有一丝的改变呢？总结30年，抢救他们的遗存，整理他们的典籍，学习他们的思想，接续他们的理念，实在是眼下的要务。

创作人与市场的净化

这是两个问题。

首先是有关创作人的问题。刘俊耀先生说，希望了解大陆创作人的生存状况。我觉得，历经30年的演化，他们逐渐分化出两个阵容：一是作家，一是写手。前者基本上保存了传统作家的本色，其生存虽然受到网络、影视等多方媒体的挤压，基本队伍还在。相对而言，商业化对于职业作家的冲击更大一些，伴随着体制改革的深化，所谓"铁饭碗"的作家愈来愈少。而生存或金钱的推动，正在改变着作家们的笔触，使这支队伍的思想意识和人员构成日渐复杂起来。去年我去俄罗斯参加书展，深深地感受到俄罗斯人从国家到民众对于作家的尊重。在他们的街市上、乡野间，经常可以看到普希金、托尔斯泰等大作家的雕像。另外，我们的许多活动，都是围绕着作家展开的。我想，任何国度、任何时代、任何状况，作家的受人尊重都是重要的。

再说写手。这是一个时代的产物。在热爱写作的前提下，他们大多以网络为门径，以论坛为基地，以网友为读者，从而构成了一个时髦、时尚和复杂的群体。一般说来，这个群体中荣耀的事情有两个：一是天文数字的点击率，再一是他们的网络文章被传统的出版社看中而出版纸质的图书。作为一个出版人，我很看重他们，即使这一群人往往鱼龙混杂、呼风唤雨、来去无踪、率性做事、草根出身、离奇梦想、文字古怪等等。我觉得，他们是30年改革开放为我们创造的时代活力，无视他们，就几乎无法把握眼下文化多元与多样性的脉络，实际上就会落伍。

另外，关于市场净化的问题，实际上是说知识产权的保护问题，也就是反盗版的问题。世界上关于中国图书市场盗版猖獗的闲言碎语很多，比如有人说，一本书在台湾印了10万册，在大陆却只印了1万册。我觉得，这个问题是一个观念问题，也是一个法制问题。我们已经有了很大的进步，并且进步很快。记得上世纪80年代时，有一则笑话讲道：国内的一些科学家由于没有版权意识，把美国的一套科学名著翻译出版了，还在一次国际大会上，郑重地将中译本赠送给这套书的美国作者，当场引起一阵惊愕，一阵尴尬。还有一件事情很说明问题。那是在1994年，新闻出版总署和国家版权局还正式下发过一个文件，制止个别出版社随意出版金庸作品的行为。应该说，在这样的背景下，我国能够在短短的时间里，加强对民众的知识产权方面的教育，并且在相关立法与落实方面，能够迅速地取得如此巨大的进步，还是值得肯定与骄傲的。当然，还需努力。

书、杂志与网络

刘俊耀先生让我推荐多年来大陆出版的最好的书、杂志和网络等等。我真的说不好，弱化一点，只能说一说我个人的所读、所编和所爱了。

关于书，我推荐《中国读本》，这似乎有广告的嫌疑。他问我原因，我讲了三点：其一，它是独立作家的作品；其二，它符合现行的国情；其三，它已经被翻译成10余种文字。

关于杂志，我在看《三联生活周刊》《新周刊》《文史知识》《读书》《万象》《书屋》《人物》《新华文摘》。

关于报纸，我在看《南方周末》《光明日报》《文汇读书周报》《南方都市报》《新京报》《中华读书报》。

关于网络，我经常上天涯社区、新浪新闻中心与竞技风暴、网易博客、东方财富。

经典与流行

　　刘俊耀先生问我，如何评价经典文化与流行文化？我说，这是一个值得深思的问题。30年来，伴随着改革开放的步伐，我们出版了许多经典著作，这方面的成就，我们可以在"国家图书奖"、中宣部"五个一工程"奖等获奖书目中找到。但是，在获奖的书目中，流行的图书、时尚的图书、畅销的图书，却几乎一本也找不到。我们应该如何评价这种文化现象呢？

　　我想，就文化整体而言，经典与流行有着各自存在的意义。打一个比方：流行文化，就像一湾蜿蜒流转的春水，充满活力和动感，源源不断；经典文化，就像一带绵延不绝的青山，巍然耸立，亘古不变。在我们美好的文化生活中，它们占领着各自的空间与时间，没有冲突，也没有压迫。就让我们的情操，一并包容下它们和谐的美景，挽一湾春水，望一带青山……

（写于2008年）

阅读的体验

记得20年前，有一位朋友对我说："你如果要想成为一名真正的学者，那么你的专著必须能被像三联书店这样的出版社接受。"我身处出版界，当然知道这句话的分量。于是，我用了10年的业余时间，专攻"数术"，终于写出《数术探秘》，于1994年在三联书店出版。

但是，我依然不是一名真正的学者，我依然只是一名出版人。为什么？因为我当时只是在众多专家围困下的小编辑，凭着一股血气的喷涌和学术冲动试图证明点什么。后来，编书的乐趣逐渐吞噬了我的身心，也销蚀了我充当"学术票友"的热情。近10年之内，我再没有撰写大块儿的论文，再没有为此参加学术会议。我几乎将自己的全部精力都倾注在出版上，或者荒废在许多无聊的事务中，无暇再顾及那一段"学者情结"。只是在偶尔静下来的时候，想起那些似乎已经日渐遥远的学术心境，我心中就会隐隐地作痛。不过，在纷繁盛丽的现实生活中，我始终没有"返身回去"的勇气。为了消除内心的痛楚，我只是选择了一

俞晓群:《人书情未了》

个可行的方法，即要求自己挤时间坚持所谓"学术阅读"，做点读书笔记，收集相关资料，以保证自己的头脑中"数"的灵感的存活！

一般说来，学者的学术阅读与编辑的出版阅读是不尽相同的。前者的行为往往是单纯的、专一的，后者的表现却时常是跳跃的、丰富的，有时甚至是凌乱的。我作为一个职业出版人，自然对编辑的阅读特征极其熟悉，也有许多心得。2003年出版的《人书情未了》，就是我读书、编书的笔记。实言之，我热爱编辑工作，我喜欢编辑的生活方式，因为它较之学者多一份自由，较之其他行业的商人多一份雅致，较之官员则多一份轻松……最让人依恋的是，编辑的社会处境相对平缓，它可以给人提供更大的创造或逃避的空间，使你有更多的机会装点或伪饰自己的精神世界。比如，学问做不好，你可以解释说"我的主业是出版"。尤其是也不必非要追求那么好，它不是你"为稻粱谋"的手段，你也不必看学霸的脸色，更不必考虑学科呀立项呀之类的问题。在如此的心境中进行阅读与思考，时而信马由缰，时而心驰神往，常常会产生无限的快慰！有这样的阅读生活，我当然要感谢编辑身份的恩惠——这也是我热爱这个职业的原因之一！

我说得如此天花乱坠，其实它们只是事情的一个方面。因为无论如何，你的主业是出版，你不能喧宾夺主，你的思考必须克服"系统转换"的冲突，你需要找到学术与出版的"阅读结点"，你的快慰必须建立在"辛劳"之上！我住在一所大学的生活区，满院子的教授。但是，深夜里，每当我关上电脑、关上阅读灯，再向窗外望去的时候，小区内常常是一片漆黑，只有少许的窗灯还亮着！

读书有不同的方法，写作也有不同的方法。对于我这样一个"不伦不类"的人来说，方法的选择就显得尤为重要了。在出版人中，我非常敬佩钟叔河"学其短"的观点。他把编辑做成了学问，悟出许多好的道理。我还钟爱陈原《总编辑断想》中的说法。他说，要学习维特根斯坦的哲学著作，尽力写成一些"警句"！而我由于没有他们那样的学问和智慧，"敬爱"之余，只会模仿，在形式上把文章句式做得短小，却也吻合了我生活的零乱和懒惰。比如，我在写《数与数术札记》时，许多篇幅还模仿顾炎武的《日知录》。我肤浅地将问题罗列出来，筛选、扒堆、切碎，一有时间，就一个一个地注说，再集腋成裘，聚成一个学术或伪学术的"反应堆"，期望着这些思考在恰当的时候，使其发挥出组合的能量。读《十三经》，点数其中的"数字"，记下数千条笔记，我就是这样日积月累完成的。

当然，我的阅读也没有那么单纯，除去个人的喜好，它还与我的出版职业有着某些连带。就说《数与数术札记》的构成，我不但考虑内容，还额外地对"形式"下了一番功夫。比如目录的排法，我比照了许多学术著作的样式，最后采取了列维－布留尔《原始思维》的检索方式。还有其中的插图，我与美术设计家郑在勇先生几番交流，力求在细微处，表现出某种精神的存在。什么精神？那就是一个职业出版人的品位与功力。

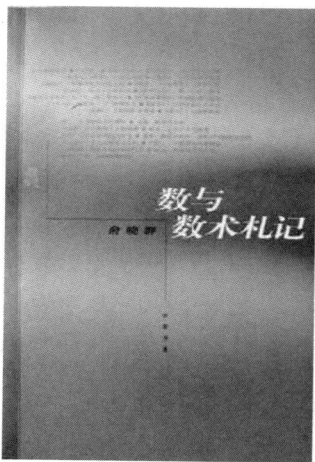

俞晓群：《数与数术札记》

我总想在学术与出版的交错之中，激发出一种个性的东西，为自己和读者创造更多的欢乐！

另外，我如此用心思，还有进一步的职业思考，它当然不是"编辑要学者化、专家化"之类的大道理，而是在读写的背后，隐藏着的一些不大光明的潜意识：

其一是"附庸风雅"。我们知道，编辑的主要工作是与学者交流。靠什么交流？当然是知识。没有知识，就会丧失起码的话语能力，只能听从、屈从、盲从或不从。问题是这一个"从"字，不但让我们陷入无知的苦恼，还会使我们失去编创之间相互沟通的趣味与风雅。那做编辑还有什么意思？真的不如去卖杂货。有言道：编辑做不了大学者。我们却可以通过略知一些学问，努力去做学者的"附庸"！如何？

其二是"以假乱真"。眼下真学者不断涌现，假学者也不少。其实有些真的也是半真半假，有些假的也是半假半真。市场经济么，出现这种情况也不奇怪，那也是一种"繁荣"。关键是难为了我们这些出版人。怎么办？没有办法，只好"深入敌后"，以假学者的身份去搞一点真学问，这个"假"是"假学者之名行编辑之实"的"假"！其目的不在成真而在乱真，恰好是一个"乱"字，让我们的职业好玩儿起来！你真的不妨体验一下。

其三是"中饱私囊"。你看，学者满眼是书，编辑也满眼是书；但学者的书是自己的书，编辑的书却是别人的书。或者说，前者是"私书"，后者是"公书"。作为编辑，只编书不看书，只卖书不爱书，都是非常可惜的。学者在你身边，他们不单是作者，还可以成为你的导师；书籍在你身边，它们不单是商品，也可以成为你精神的私有财产！许多大编辑都好说："我现在太忙，将来有时间一定要读点什么、写点什么！"可是历史的经验告诉我们，这事却等不得。编辑在"当打之年"的读写，于公于私都有好处，也会成为一种互动，并且有许多便当之处，正所谓"求知要趁早"。不然，那么多的学者在你眼前晃来晃去，那么多的书籍在你眼前飞来飞去，都入不了你"即时阅读"的法眼。等到"将来"，才想找他们，却找不到了；才想读它们，却读不懂了；才想写它们，却写不动了，没心思了。真的！

说出这三点，有些露出了我俗人的本相。搞什么学问，无非是弄一点小巧，再若隐若现地流露出一些内心的陶醉！其实，也是在这一段时间里，出版工作的沉浮让我有了些许空闲，可以抽暇整理出这部书稿，可以做出上面如此絮絮叨叨的思考。人的生活，真的很需要有一些波折，局部的僵死有时会激发出更大的活力！

　　谈笑间，不觉已至岁末。北方的午夜清清朗朗，远处挂着一轮冰冷的月亮，它背后的天幕显得那样遥远，那样纯黑；极好的空气透度，让我们吐纳之间，清凉而畅快，顿生万里无尘的感觉！此时，冬至已过，时令又进入下一个"夜短天长"的周期。我们与生俱在的阅读，才刚刚开始！

（写于2005年）

畅销书：一面追风，一面追问

自从30年前我国出版缓步进入市场化进程以来，"畅销书"就成了我们追逐的对象。想当年，我参与出版的第一本畅销书叫《儿童简笔画》，印了几百万册。后来还出版过《中国读本》《幾米绘本》等等，都有上百万册乃至上千万册的业绩。在很长一段时间里，我都是畅销书的崇拜者与追风者。我总觉得，作为一个出版人，如果没做过畅销书，没有过那样激情的工作体验，实在是编辑生涯的一大憾事。

近些年，伴随着市场化与国际化的发展，畅销书的地位日见飞涨，大有引领中国出版方向的架势。同时，人们对于畅销书的议论和质疑之声也多了起来。诸如"某书为什么会畅销？""某畅销书是好书吗？""怎样做才能抓到畅销书呢？"等等，一连串的问号，把我们由实践引向理性的思考。其实，经历了那么多年的实践，我们的许多认识还处在迷茫状态。原因是，以往我们不假思索地把"畅销书"当作一个俗成的概念，以为图书中的平庸书与畅销书的区别，就像蔬菜中的茄子与更好的茄子一样。我们没有想到"畅销书"是西方经济学中的一个专有名词，它的界定与含义，与我们约定俗成的想法有着很多不同。

其一，"畅销书"是一个单纯的商业概念，英文为Bestseller。上世纪初，美国《读书人》开始发布每月的图书排行榜，从而创造了这个词汇。如果你问："畅销书是不是好书？"西方经济学家会回答："我们的讲义中没有'好书'的定义，只能说畅销书是一个好商品。"不信你看一看它的英文单词，就会有所感悟。记得止庵先生曾说："什么书好卖就出什么书，无可非议；什么书好卖就读什么书，愚不可及。"他的话与畅销书的定义可谓异曲同工。

其二，在西方经济学的词典中，制造畅销书的基本原则是"最小公分母原理"。也就是说，一本书能够成为畅销书的必要条件有两条：花费最小的成本，拥有最多的受众。在如何吸引更多受众的问题上，

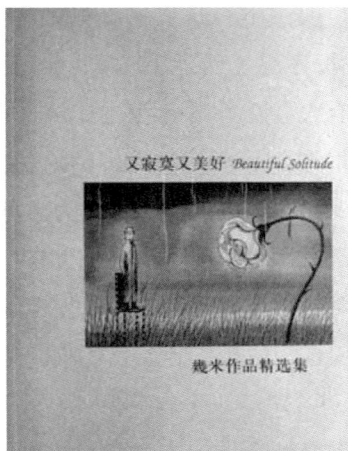

幾米：《又寂寞又美好》

295

西方经济学家泰勒·考恩结合文化产品的特殊性，给出了生产畅销书的两项基本原则。一是普世主义，即选择那些人类文化共性的主题。像加拿大的"禾林小说"，它1990年在世界上销售了2亿册，几乎占据了美国平装书市场40%的份额，原因是，它的主题不是加拿大文化，而是世界性的"女性问题"。还有一些具有普世性的主题，诸如个人英雄主义、情爱、打斗、魔幻、死亡等等，大多都是产生畅销书的领域。二是在内容上要采取"往下笨"（dumping down）的原则，也就是最大程度地降低图书的文化品位，使图书能"让更为弱智或单纯的顾客读懂"，从而获得更大的市场份额。声明一下，这些刺耳的话不是我说的，它们引自泰勒·考恩《创造性破坏：全球化与文化多样性》。也许有人会说："某某读本或学习材料还畅销呢，但它们并不符合上述观点啊！"他说得很对，但那些书不属于上述畅销书的门类。因为市场化的畅销书还有一条限定——它必须是"自由贸易"的产物。也就是说，它不包括那些政策性、计划性的图书，它的数据是在自由选择的状态下，由书店的收银台打出来的。

其三，还是泰勒·考恩的观点——他认为，畅销书格调低下、内容肤浅的原因不在作者，而在读者。只有提高读者文化品位，才有可能提高畅销书的品质。

比如，法国大餐之所以能够保持精美的品质，是因为世界上有一些挑剔的高品位的食客。正如沃尔特·惠特曼所言，"要有伟大的诗歌，就必须有伟大的读者"。其实绝大多数作者并不想"往下笨"，只是为了畅销，有时更是受到经验老到的出版商的逼迫。黄仁宇的《万历十五年》成稿时，出版商要求他必须删去引文和注释，这样才能使白领们读得进去。黄愤怒地说："够了，我已经听腻了。"歌德诅咒出版商是"恶魔的党徒"；安瑟尔德更是嘲讽道，"拿破仑的伟大之处就是枪毙过一个出版商"。这就是西方出版商在作者心目中的地位。

其四，在某种意义上，垃圾书是畅销书不可或缺的伴侣。美国出版商赫伯特·密特冈说："为了出版佳作，出版垃圾也是必要的。"不然，为什么那么精明的美国人，每年出版5万种图书，也许只有30种会成为畅销书呢？在出版界从业50多年的戴维斯也引用《圣经·马太福音》中的话调侃道："被召的人多，选上的人少。"所以说，在出版社的图书结构中，畅销书只能是全部图书中的一小部分，想靠它独占出版社的选题，那真是梦幻般的幼稚。听到这样的"奇谈怪论"，再定神看一看我们实际的图书品种，你不觉得美国人是在"实事求是"吗？

其五，一般说来，畅销书分为可预知和不可预知的两类。前者，包括像《新华字典》那样的常销书，还有一些名人名作等。此类显性的畅销书，无非是一些老牌的、有实力的出版商培育或竞购的目标。

真正主流的畅销书，往往是在无法预知的情况下产生的，出版商和作者都会被突然出现的"畅销"吓一跳。像《达·芬奇密码》，当丹·布朗听到它登上《纽约时报》畅销书排行榜第一名的时候，惊得从椅子上跌下来，把咖啡洒了一地。记得2002年《幾米绘本》畅销时，我也被巨大的印数吓了一跳，一面安排工厂赶紧加印，一面接听记者的采访电话。记者问："你怎么知道幾米会畅销？"我无言以对，只好说："蒙的。"写此文时，我有意搜集了几位做畅销书的编辑在接受记者采访时的回答。《于丹〈论语〉心得》出版人李岩说："事先有一点预感，但是最后的销售情况还是出乎意料。"《鬼吹灯》编辑项竹薇说："这是运气好，不知不觉地暗合了畅销书的玄机。"《花间一壶酒》出版人解玺璋说："可遇而不可求。"这些话听起来都有些底气不足，或者是一致的谦虚。

其实"不可知性"是畅销书的基本属性之一。由此，我经常联想到捉摸不定的股市，这大概正是市场经济的魅力所在。戴维斯在他的《畅销书》中讲道：

有一次上帝来到人间，让盲童复明，让瘫痪的人站起来；但是，上帝却没有办法帮助作家出版畅销书，只能陪着他哭泣。

（写于2008年）

唐·吉珂德精神万岁！

前不久，我在一个图书网站上浏览，见到有人议论起上世纪90年代出现的一个出版现象。那就是，几家以教材为背景的出版社，趁着管理部门还没有统筹、上收大量的教材利润，贸然出版了一大批"不大符合国情"的书。例如河北、安徽、江苏、河南、辽宁等教育出版社，推出了许多大型的丛书、套书、全集，其中有些品种简直精美得不得了。尤其是河北教育出版社，它出版的《莎士比亚画廊》堪称"惊艳"，而《梅兰芳（藏）戏曲史料图画集》甚至获得了"世界最美的书"评选金奖。台湾张思砚先生曾经惊叹："那些年河北教育出版的书，无论质与量均让台湾出版人大吃一惊，深觉'大陆赶上来了'的威胁。"对于这种现象，有人叫好，也有人对此大加指责。指责者说，这种"以书养书"的办法，即以教材的利润养那些"大书"，似乎有些不道德；有的人还说，在如此重要的出版阵地上，怎么能容许几个出版社的小社长，如此无收无管地个性发挥呢？网上的议论者称，正是"政策间歇"的时势，造就了那么几个唐·吉珂德式的人物，像王亚民、黄书元、周常林，还有在下等等。

"唐·吉珂德"是什么人？我知道，他是塞万提斯的《奇情异想的绅士唐·吉珂德·德·拉·曼却》中的人物，或称"怪物"，他的主题是梦想、不合时宜和伪骑士精神。于是我联想到不该想的"忧郁骑士"王小波，还有萧乾笔下的"湖南出版四骑士"之一钟叔河，以及从漓江美景中杀出的"老骑士"刘硕良等。他们都被人们称为"骑士"，是否也与唐·吉珂德有些沾亲？想着想着，我就有些收不住思绪，顺着一条自我阅读的精神脉络一直捋了下去。

我想到上世纪70年代，商务印书馆开始重编"汉译世界学术名著"，使一些西方经典名著重见天日。直至今天，这套书成书已达400余种。这是几代人的梦想，也使多少代人接续不断地沐浴着它的恩泽！可是在它起步之初，在

《莎士比亚画廊》(河北教育出版社)

那样的年代里，陈翰伯、陈原等人奔走呼号，不畏风险。那是多么不合时宜啊，我尊敬的前辈骑士们！（我的书架上有《忏悔录》《培根论说文集》《思想录》《哲学史讲演录》等。）

我想到上世纪80年代，三联书店的"研究者丛书"、四川人民出版社的"走向未来丛书"。尤其是后者，它及时地填充了当时中国社会现代西方思潮的空当，事实性地击碎了一个国家的精神禁锢。这套书的封面以白色为底、以黑色为图案，小小的开本，一切都与那时"既定的规则"相悖。毫不夸张地说，我们当时阅读它们时，内心中经常涌动着一种近乎疯狂的渴望。这是多么富有创意的"解放思想"啊，我尊敬的时代骑士们！（我的书架上有《为人道主义辩护》《诸神的起源》《激动人心的年代》《信念的活史》《GEB，一条永恒的金带》《空寂的神殿》等。）

接着就到了90年代，我们这些靠教材起家的出版人粉墨登场了。其实教育出版社有钱也不是一天两天的事。1995年，全国教育出版社在扬州开会，当时《中华读书报》的记者陈晓梅到会采访，她发的消息题目最精彩，也最能说明问题——《腰缠十万贯，郁闷下扬州》！郁闷什么？就是教育出版社"有钱而无地位"的状况。教育社面对这些"钱"，出现了两个走向。一是用作各种基础建设的投资，五花八门，直至今天成为"出版改革成本"的支付者；一是超越常规、超越现实、不计成本地投资重点书建设，使一大批好书纷纷出笼。典型的像河北教育出版社，出版大套大套的文集，不但使上面提到的台湾学者惊愕，还让大陆的读书人一直念念不忘。前不久有一位专家对我说："应该抓紧收集前些年河北教育出版的好书，它们在未来十几年，大概都难有再出版的机会。"这种现象所产生的硕果，我们还可以在近些年的"国家图书奖"和"中国图书奖"中得到印证。后来，随着出版改革的深入，那一点"教育社的风光"已经日渐淡去了。这是一个多么让人费思量的事情啊！是耶非耶，其实都不重要，木不曲直、金不从革，见怪不怪就是了。只是我这个"当事人"时常有些伤感，甚至觉得那个被人打得破烂溜丢的唐·吉珂德也有些可爱了！

（我的书架上有《吕叔湘全集》《朱自清全集》《维特根斯坦全集》《胡适全集》等。）

不知不觉就进入了21世纪，400年前的唐·吉珂德精神仍然不见衰老。新桃旧符、东邪西毒，总会有心怀梦想的人拍马赶到，接续着我们精神。只是时代不同了，人物自然也不会相同。这一代的人，没有了老一代的尊严，没有了上一代的虚伪，没有了近一代的伤痕，没有了现一代的乖巧。但是，他们有了自己的伊甸园，同时也有了精神再造的根据。听说，《夜宴》

之后，冯小刚要拍中国版的《唐·吉珂德》了，周星驰演唐·吉珂德，吴孟达演桑丘，绝配啊绝配！

我还能说什么呢？只能振臂高呼：

唐·吉珂德精神万岁！

（写于2006年）

版权啊，
像风一样流转，像花一样飘散

　　早晨，展开刚刚送来的报纸，一条消息映入我的眼帘："某社隆重推出马尔科姆·沃顿主编《工商管理大百科全书》(第二版)。"我轻轻地叹息道："唉，又一套书被人家拿走了。"回忆当初我们引进这套大书，已经是10多年前的事情了。那是一个多么让人激动的时刻啊！这套书由国际版权大行家孙立哲先生策划，由国际顶尖的汤姆森出版集团授权，由清华大学经管学院组织翻译，由朱镕基总理作序……我们不但出版了这套书的译著，还推出了它的英文影印版、简明版、袖珍版、分学科单行本、工具书等等，单是品种就有数十种之多。当时朱总理出访，还把它的中译本作为礼品，送给加拿大西安大略大学。现在，它们已经易主了。抚今追昔，我怎能不为好书的流失而叹息呢？

　　其实在出版界，这样的版权流转并不奇怪。作者们辛辛苦苦写的东西，谁不想找到更好的出版人和出版社，从而获取更大的声名与回报呢？在这一层意思上，我非常理解作者"跳槽"的行为。但是，我还是控制不了自己波动的情绪。

你知道吗？当年我也是竞争版权的"狂热高手"，创造了许多自鸣得意的商业案例。我曾经通过跑教委，挖作者，抢过兄弟出版社的全国性教材，每年可以拿到数百万的利润；我曾经为了竞争"张光直学术著作系列"，一下子把版税提高到12%，与三联书店分得一杯羹；我曾经通过"特殊渠道"，拿到了《傅雷家书》的版权；我曾经运用人脉关系，拿到了台湾的《幾米绘本》，还有风靡一时的F4写真系列；我曾经打着承继前贤的旗号，沿用王云五先生"万有文库"的出版理念，推出"新世纪万有文库"；我曾经通过国际竞标，拿到了英国吉尼斯世界纪录公司在中国的全部授权，包括接受申报、审核纪录、成立俱乐部、拍电视片等。

我记得，当我们签下《傅雷家书》版权的时候，范用先生给我们写来一封信。他是此书最早的出版者，曾经创下100多万印数的业绩。在信中，他儒雅的风度与失去版权的伤感交织在一起，平和地与我们交流《傅雷家书》的相关事宜，字里行间的惜别之情，就像送自己的孩子上路一样。我还记得，当我们竞争F4系列之一《仔仔：流浪梦》的时候，当时正在操作这套书的白冰先生打来电话，批评我们哄抬版税，说到激动处，他几乎摔掉了电话。我更记得，当我"搜掠版权"正在兴头上的时候，一位朋友对我说："当心，没准哪一天，你也会成为被搜掠的对象。"

近些年，由于工作之需，我与这争争抢抢的"血腥书场"拉开了些许距离。不久，情况就发生了逆转。最初是王蒙先生的玄思小说《笑而不答》。此书出版时，我们就感到有些愧对王先生。它原本是一个大畅销书的底料，但是到了我们手上，却只印了几千本。后来王先生托人婉转地提出要拿走版权，我们无颜挽留。接着，以此为基础的《尴尬风流》出版，并且在市场上迅速走红。

古希腊、古罗马和欧洲风化史系列

后来的情况有些愈演愈烈，不断有书商、作者与我们商量，试图取走某些书的版权。几年之间，许多书的版权被别人拿走了。其中最有名的如古希腊、古罗马和欧洲风化史系列《牛津少年儿童百科全书》《吉尼斯世界纪录大全》《工商管理大百科全书》"新世纪万有文库""韦氏辞典系列"，还有"万象书坊""书趣文丛"中的许多好书。

说到"书趣文丛"，它出版于上世纪90年代，共55册，颇受好评。时至今日，其中的半数版权都已经转手了。比如，李零先生的《放虎归山》（1996），今年刚刚增订出版，已经改换门庭。再如，去年的某一天晚上，我在京拜见陈平原先生，请他为我们写一本《中国人》。席间，他与夫人夏晓虹女士共同签名，送给我一本刚刚出版的《日本印象》（2006）。陈先生说，此书是在"书趣文丛"中《阅读日本》（1996）的基础上修订出版的。我接过书，一面赞美，一面隐隐地流露出一点依恋的情绪。

前些天，北京的孟祥林先生温和地对我说，上世纪末他为我们主编的"世纪老人的话"的合同已经到期了，这套书很有重新出版的价值。我知道，祥林兄为出版这套书，曾经采访了许多大学问家、大名人，有张岱年、季羡林、费孝通、施蛰存、臧克家、严济慈、方成、王大珩、钟敬文、贾植芳、吴祖光、张中行、袁世海、冯亦代等等。采访的时候，他做了大量的录音、录像、照相、翻印资料等工作。后来，由于篇幅与时势所限，出版时使用的资料不是很多。时至今日，这些"世纪老人"大多已经不在人世了，许多采访已成绝版——这是一些多好的出版资源啊！我们若不能续签合同，版权的流转就是自然的事情了。

其实，一般说来，版权的进进出出，完全是一种正常的出版现象，也是我们文化生活的一个重要组成部分。甚至可以说，没有这样的流转与起伏，我们就会失去工作的激情与活力。所以说，作为一个出版人，我最怕失去的不是优秀的版权，不是成名的作家，不是才华横溢的策划人，不是绝顶精明的推销商。那是什么呢？我告诉你，我最怕失去的是一个出版人的信誉与品位。记得在一次会议上，我对一位大领导开玩笑说："会后我请您吃饭。"此时，我身边的一位出版社社长也接话说："我也要请您吃饭。"那位领导对那位社长说："晓群的饭我可以吃，你的饭我却不敢吃。吃晓群的饭，他是让我帮助他出好书；吃你的饭，一定是你又惹了什么麻烦，让我帮你解决问题。"说实话，听到这样的评价，我真的高兴了好几天。

（写于2008年）

"去职业化"影罩下的文化出版

《出版商务周报》约请我探讨一下近两年出版人才结构转型的问题。我的脑海中，立即蹦出两件事情。

其一，近年来出版队伍建设的主题是什么？我想到了一个"跳"字。这也不是我胡乱想的。这些天我们引进一本书，名曰 *Ping, A Frog in Search of a New Pond*，此书的中文繁体字译本由台湾大块文化出版公司出版，书名译为《青蛙为什么要走路？》。其实，它的直译应该是"寻找新池塘的青蛙"。此书在西方颇为流行，因为它所叙述的正是我们所面临的跳槽问题。在"跳"的主题下，我们的"人才结构"已经变成了一个"活体"，它表现为三大特征。一是跨地区的"跳动"，其口号为"到北京去，到上海去"。这一风潮的直接结果是，以地域为分割的计划性出版格局开始出现"文化崩解"的迹象，因为人才的流动必然引起产品的流动。地方出版产业实施的拯救方法是进行资产流动，像广西师大、上海世纪那样，将他们的触角伸向北京，伸向文化中心。二是跨行业的"跳动"。"跳出"的就不说了。对于"跳入"的，跳入出版局等这一类政府管理部门的就不说了，刚出校门的也不说了，值得关注的是那些社会上、商场上的"熟男熟女"，比如对职务与教材利润感兴趣的行政职员、将图书称为"快速消费品"的推销员、深陷"网络思维"的网虫、仅精通外语的"版权经理"、"行业通吃"的MBA们等等。他们的"跳入"是一种进步——商业化的进步，实用主义的进步！三是"跳动"的现实，将出版人才结构推向"动荡"的状态。如果这种动荡也算是一种"转型"，那么它带来的直接影响就是"出版资历"的贬值。"资历"二字是褒义还是贬义？出版行业的个性化品质、职业化精神是否还有意义？出版社管理是否就等同于工厂的管理？编辑是否就等同于工程师？书商是否就等同于杂货商呢？

其二，再谈谈出版人才结构转型的问题。首先，出版社社长的选拔和使用，应该是目前

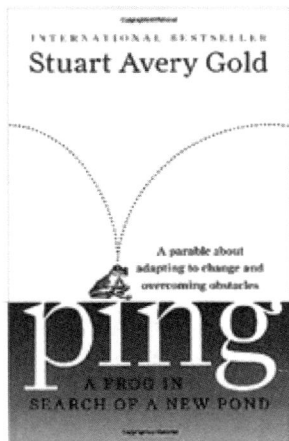

Ping, A Frog in Search of a New Pond
（《青蛙为什么要走路？》）

出版界人才建设的重中之重。在某种意义上，中国出版产业的发展和命运，更多的是维系在这500多人的手中。所以，选好社长是重要的，同时还应该稳固社长的地位。不能因为出版布局的变化，而弱化社长的工作环境，进而淡化社长的社会、文化和经济责任。其次，许多行政专家进入出版行业，带来规范化管理的新鲜空气，对于党的喉舌与阵地建设很有意义，但同时也要注意过度行政化的倾向。因为出版行业毕竟是一个游离于事业与企业之间的"文化产业"，它鲜明的行业特征和专家化的人才结构，决不能忽视或轻视。第三，许多经济行业的人才进入出版行业，打破了新中国成立以来中国大陆出版业的"极端事业化单位"的格局，助推着整个出版行业向市场化转型。但同时也应当看到，在商业评估的链条上，出版行业的加权指数太多，它经常表现出对通常的商业规则的摩擦或抵触。比如：畅销书是好商品，但不一定是好作品；一般商品越新越好，有些图书却越旧越好；一般的工厂只生产一种商品或一类商品，而一个出版社一年却要生产几十种，甚至上百种、上千种图书，并且千书千面；一个出版社的图书不可能本本挣钱，它的产品结构是一个有机的整体，长中短三线与"盈亏"搭配结合起来，构成一个良性的商业运行机制。所以，有观点认为，出版是一个经验型的行业，它需要学术专家、文化专家、商业专家的参与，但更需要出版专家的总汇，最终作出经验性的商业判断。

写到这里，我想套用两个备受批评的流行概念——"去历史化"和"去中国化"，来调侃出版界的"去职业化"倾向。总之，出版行业是最讲"传承"二字的，内容上的文化传承与人才上的师徒传承结合在一起，才是结构调整的根本所在。有一则故事讲道：一位经济专家被任命为一个出版社的CEO，他称封面为封皮，他称教辅为教材。这倒也罢了，关键是他说："为什么要编那么多的书？我们追求的是一本书打天下！"他还动员全社编辑找出最盈利的图书门类。于是，有人偷偷地送给他一本《花花公子》。

（写于2006年）

选择题：
何种资质的人适合从事编辑工作？

前些天，《中国新闻出版报》的记者打来电话。她说，时下的出版繁荣，带来了人才建设的活跃，希望与我探讨一下出版行业用人与选人的问题——何种资质的人，最适合从事编辑工作？听到她的问题，我心里还赞道，科学发展观的核心是"以人为本"，现在，我们的媒体不断地开展相关问题的讨论，看来面对新的形势，他们真的进步了许多，敏感了许多，活跃了许多。

说实话，长期以来，出版界的用人与选人问题，始终是一件让人头疼的事情。究其原因，还是由于在社会转型的过程中，出版的基本定位尚在变化之中。其一，出版部门的存在形式五花八门。有为政府部门服务的，有成为学术基地的，有完全商业化的，有以卖书号为生的。其二，行业属性众说不一。有的说是经验产业，有的说是科学分支学科，有的说是文化基地，有的说是商业部门。其三，用人标准莫衷一是。有的说传媒学院的毕业生好，有的说非编辑专业好，有的说MBA好，有的说金融家好，有的说政治家好，有的说不必苛求学历，自学成才的更好，等等。其实，在如此丰富的说法背后，蕴涵着一个潜台词，那就是说——出版行业的门槛很低。或者说，当一个行业的社会定位尚未明确的时候，它的存在形式，常常会表现出一种"泛职业化"的倾向。

好了，不谈那些概念性的事情了。问题的关键是，眼下我们该如何选人和用人呢？我觉得，建立一个行业的文化根基，首先需要从一些最基本的东西入手。那么，对于出版业而言，究竟什么是基本的东西呢？下面，我编了几道"选择题"，自认为很"基本"。让我们共同品评一下：

问题一：书是什么？

A. 知识载体　B. 精神食粮

C. 特殊商品　D. 快速消费品

题解：

在招聘会上，我们一般最愿意问："你在读什么书？"根据经验，这样的提问其实意义不大。应聘者答《微积分教程》《语言学概论》或"四大名著"，你说哪个人更适合做编辑？因此，我们不妨换一个问法——"书是什么"，也就是请应聘者给"书"下一个定义。我们需要了解应聘者对于"书"的个性认识，不同的回答，表现着每个人不同的文化水准与社会背景。像选择D的那位应聘者，他应该是一位学营销的，他是对书作了商品属性的分析之后，才给出这个答案。我想看一看纸制的"快速消费品"还有什么，查了一下，有卫生纸、纸巾、纸杯……没等看完我就笑了，甚至想到赵本山、宋丹丹小品中，"白云"的那本书《月子》！其实也用不着笑，那些流行的、通俗的、时尚的东西，人们追风购买，看完就扔，当然要归于"快速消费品"。而《新华字典》《辞海》《辞源》以及那些高雅文化、经典文化等，就是耐用消费品了，甚至还能用之"传宗接代"。所以说，选人也是在各取所需，关键是看你想做什么。通过给书下定义，你就会找出与你志同道合的人。

问题二：出版人应该是一个什么人？

A. 书迷　B. 书商　C. 专家　D. 杂家

题解：
首先，对于这4个答案，我最喜欢A。这也是早年陈原先生给出的定义。翻译过来，出版人首先应该是一个爱书人。我觉得，虽然时代在变化，商业化的调门越来越高，但出版界选人，首要的标准还应该是检验他是不是一个爱书人。在一个出版团队中，如果不爱书的人比重太高了，那是一件很危险的事情，尤其是在主要领导者中，有一个就不得了。由于不爱书，自然不懂书。你身处出版业，却不懂得你的"商品"，这对于企业而言，不是很危险的么？其次，答案B也有道理。前不久，沈昌文先生出版过一本小书《书商的旧梦》，自认从事出版一生，不过是一介书商而已。此中有调侃，也是在说老实话，不附庸风雅，没有不良心态，让我敬佩。其三，对于后两个词，学术意义上的"专家"就不用多想了。出版人的天职，就是为作家和学者们服务的，这是一个行业的基本属性。至于"杂家"一词，还是不用为好。《汉书·艺文志》把诸子的书分为10家，其中就有"杂家"。书中注道："杂家者流，盖出于议官。兼儒、墨，合名、

沈昌文：《书商的旧梦》

法。"这样的"旧词新用",很不靠谱,也反映出一种不恰当的职业心态。一个行业中的人,怎么能够整体自称为"家"呢?

问题三:出版产业的终极追求是什么?

A. 只出赚钱书　　B. 文化坚守

C. 双效　　　　　D. 多元化

题解:

前些年,如果应聘者回答此题,一定会选择C,现在这句话似乎有些过时。其实不然,我们需要认真地理清思绪。应当看到,即使发达国家的文化建设,也是要讲"双效"的。许多时候,他们比我们还要讲政治。至于B,"坚守"本身就有一种压迫感。但是,如果有"双效"的观念,事情就会轻松许多。我们把A翻译过来,就是说,什么书能够赚钱,我们就出什么书。这是一个有趣的口号,表面上是用"钱"对书进行分类,其本质上却是用"钱"对文化进行分类,因为出版本身就是以"贩卖文化"为生的。在这样的观念下,文化被分为"不赚钱的"与"赚钱的"两类。经过市场的检验与筛分,在"不赚钱"或"来钱慢"

的麾下，往往有高雅文化、严肃文化、经典文化等门类；在"赚钱"或"来钱快"的麾下，就有流行文化、通俗文化等内容了。其实这种用商业观念来"类分文化"的现象，发达国家早已出现过。西方经济学家总结说，对于文化产业而言，片面地追求"通俗"并不是一个好办法。它满足不了经营者对利润的狂热追求，弄不好还会导致人们突破通俗文化的底线，向低俗、庸俗、媚俗、恶俗一步步深陷下去，最终突破道德底线。经济学家把文化产业的这种极端商业化现象，称为"往下笨"（dumping down）。因为书的商业属性明显地不同于一般的商品。文化的高雅与通俗并无高下之分，它们是一种血肉关系，而不是敌对关系。如果我们只强调出挣钱的书，就会自觉或不自觉地在经营层面上，疏远甚至仇视高雅文化、经典文化，认为它们不会给企业带来经济利益，只会带来麻烦。但是，你没有想到，任何优秀的通俗文化，都需要有强大的主流文化做基础。正是经典文化与高雅文化，托起了大众文化的繁荣与进步。举一个例子。你想，北京奥运会开幕式，从击缶、活字、画轴、航海、飞天……一路演绎下来，如果没有中国古代丰富多彩的高雅文明的支撑，会产生如此震撼世界的艺术普及的效果吗？

问题四：出版社可持续发展的道路是什么？

A. 进入金融市场　　　B. 跨行业经营

C. 纳入文化产业链条　D. 坚持图书出版的纯洁性

题解：

在今日的世界上，这4条道路都有成功的范例。对于A，我国出版业正处于试验与快速推进阶段，势头不错，未来创造一些奇迹，也是一种必然。对于B，这是一个好事情，商业经营是没有边界的。抛开当年教材教辅的富庶岁月，今日之出版已经开始步入"微利时代"。如果配上一些优良资产或暴利产业的资源，或许可以给我们的图书生产带来一些支援。问题的关键是，我们必须弄清楚，这种"支援"的动力是什么？是政府命令？是企业家的文化自觉？还是出于股东们对于文化的热爱？如果我们在"跨行业"之初，没有事先理清这些战略性的思路，就可能跨出去之后，便一去不复返了。与行业外的"繁华世界"比较，出版有多么呆板、多么艰辛啊！对于C，所谓"纳入文化产业链条"，说的是一些综合性的文化集团，它们的产业构成是将不同的文化形式纠合在一起，包括电影、报纸、期刊、电视、出版、戏剧、网络、广告、物流等。比如，一部小说进入这个团队，它会以不同的艺术形式运转起来，出版只是其中之一。这样做的商业优势不言而喻，但对于社会商业环境的要求也很高，应该引起我们的决策者重视。对于D，往往会受到一些商业专家的嘲笑。但这是一个行业的根基，我们应该重视它们的存在，尊重它们的意志。现在许多大型集团，还有一些出版社，在这方面就做得很好。事实上，即使在发达国家和地区，无论出版产业如何整合、如何购并，它们的基本单元是不会改变的，也不应该改变，否则这个行业就会走向混乱或衰落。

问题五：编辑最重要的基本素质是什么？

A."两支笔"　B. 纠错敏感症

C."包打听"　D. 交流狂

题解：

通过应聘者对这4项的选择，你很容易判断出他的特长或爱好。其实，作为一个出版人，最好兼有它们。A和B是编辑的文化素质，C和D是编辑的职业素质。所谓编辑的"两支笔"，一支用于改稿，另一支用于写作。此语是钟叔河先生提出来的。B说的是编辑发现书稿错误、改正书稿错误的能力。一个人的文化素质是"纠错能力"的基础，但职业训练也是必要的。对于C和D，看上去有些贬义，有些搞笑。其实这是成为一个大编辑的重要条件。像"包打听"——他小本一翻开，可以轻易地找到某位作家、学者的行踪；他知道最近学界发生了哪些事情；他知道某位作家正在写什么；他知道某一领域谁是最顶尖的人物，谁是眼下最活跃的人物；他甚至知道许多作者的秉性、德行、爱好、观念、习惯、困难等等。你说，这不是一件很难做到的事情么？

问题六：你最喜欢的畅销书作者是谁？

A. 郭敬明　B. 王朔

C. 易中天　D. 南怀瑾

题解：

还可以多列一些名字，这样一来，从应聘者的选择中，你就可以发现一个人的水准、道德、好恶与情怀。当然，我们还可以根据招聘编辑的门类不同，将问题改为相应领域的人物。但无论怎样变化，在设计此类选择题时，有一个要点需要注意，那就是你列出的人物，一定要分属于不同的类型，要有个性，最好还有一点争议性，在其中设定一些小小的陷阱。比如，命题："你最敬佩的大学者是：A. 季羡林，B. 文怀沙，C. 余秋雨，D. 黄裳。"让他们去选吧！

还有一些题目，限于篇幅，不再献丑。

最后解释一下。人才建设是出版事业的生命线，事关重大。以上只是我从多年的工作实践中，得到的一点关于如何用人和选人的体会。我把它们用"选择题"的形式叙述出来，只是想让我的叙述更清晰一些。同人们，见笑了。

（写于2009年）

出版，果然是"文化"的旨意

> 这样，书籍将我们带入天使的国度……在书籍的帮助下，当我们还仍然居住在人间时，就已经获得了我们天福的报偿。
>
> ——《书之爱》

有讯息传来说，《中国图书商报》已经创刊10周年。我一阵目眩，拍一拍已经失去青春光泽的前额，心中却没有紧迫、如梭之类的感叹，只是赞道："好！看来建一个百年老报也不是什么难事。就这么俯仰之间，十分之一的旅途不是完成了么？"记得《中国图书商报》创刊之时，程三国先生跑前跑后，给我的感觉是，无论你在哪里，只要他需要，就能够找到你，不失时机地向你倾诉他的志趣！现在看来，这一干人马成功了。在与文化人谈天说地时，我时常听到他们提到《中国图书商报》的某些专刊和栏目，比如他们的记者在上海《财富》论坛上对贝塔斯曼总裁米德尔霍夫进行采访，他们与汤姆森学习集团总裁克里斯蒂就世界出版大势进行深层探讨与交流……

10年就这样过去了。我们和我们的事业，都获得过一些东西，失去过一些东西，有即时的冲动，有温和的理解，有短暂的迷离，也有永久的诀别！现在，让我们探讨"10年来文化环境对出版的影响"这一话题，却是一个使人为难的事情。为什么？因为在我们的语义系统中，"文化"是一个歧义的概念。它的含义太丰富，它的张力太强势，而我们对它的把握和理解，又往往太胆怯、太孱弱！但那也没什么，好在没有人要求我们标新立异、阐幽发微。在直观描述的前提下，只要建立两个原则（一个是客观性，一个是个性），我们就可以沿着某一条路径，在文化的庇护下，找到人与社会扭结、融合或交错的一个图式或脉络。在这里，"书"应该是永恒的主题！你可能会问："为什么要用'应该'二字？这里的主题不是'书'还会是什么？"错！难道在我们进行长篇大论的时候，由于内因、外因的影响，而自觉或不自觉地迷失主题的事情还少么？

理查德·德·伯利：《书之爱》

所以，在文章的开头，我首先"祭"出《书之爱》中的一段话——它表述了一种对"书"的宗教式的崇尚和热爱！目睹今日出版之状况，我们真的很需要这种极端的情绪。我希望在这样的氛围中，论说"文化与出版"的种种事情，才有意思！

背景

> 上帝给人手指，是为了写作而不是为了战争！

> ——《书之爱》

2003年，有一套名为《国史纪事本末（1949～1999）》的书出版，有7卷之多。其中包括"改革开放时期"上下两卷，纪事88条。我浏览目录，发现与文化相关的条目有"民主墙事件""清除精神污染""人道主义以及异化问题"等，而与出版直接关联的条目有4项：《苦恋》《河殇》《中国大百科全书》和"五个一工程"。前2项都是过去的事情，"纪事"的内容不会新鲜。我注意到，《苦恋》的条目提到当时香港媒体对此事件的评论，其标题引辛弃疾词曰"更能消几番风雨，匆匆春又归去"，反映了"文革"后人们惶惶然的心态。这是时代的印记，今日读起来还会让人感到几分心酸。当然，我最赞赏的是《中国大百科全书》

被列入条目。这套书的出版于1978年立项，有姜椿芳的建议，有邓小平的批示并题写"中国大百科全书出版社"社名，历时15年，终成74卷鸿篇巨制。这一创举让人想起18世纪的法国人狄德罗，他开创人类编撰"百科全书"的历史先河；还让人想起上世纪的王云五，他为中国人编织了第一个"百科全书"的梦想，虽然没有成功，却也开创了一段文化的先河！它还使我不由自主地想起一段故事：当年狄德罗为编《百科全书》一文不名的时候，俄国女皇叶卡捷琳娜曾慷慨解囊，给予他终身年薪。现在我们中国人终于完成了自己的《百科全书》，这对于灾难深重的中华民族来说，确实是一件值得大书而特书的事情！

1994年，柳堤发表过一篇美文，题为《铸造中华文化的丰碑》。这是一篇纪念文章，它生动地记叙了《中国大百科全书》编撰的那一段历史，其中充满了对书与人的热爱，值得我们重读和收藏。需要提及的是，从柳堤撰写于1995年的另一篇文章《盛典》中，我们又可以了解到另一部重要典籍《汉语大词典》（13卷）的出版过程。文中涉及的人物有周恩来、邓小平、罗竹风、陈翰伯、边春光、陈原、叶圣陶、吕叔湘……还有反派人物张春桥。这里面有一段动人的故事：1975年8月，当邓小平将《汉语大词典》编撰报告送到周恩来案上的时候，总理已在病中。但他依然很快就审批了这个报告，并且在报告的首页写下抱有歉意的一句话："因病在我处压了一下。"

两部前无古人的巨著，在1993年和1994年相继完成出版，从中我们可以清楚地看到文化传承的力量。即使是在"十年动乱"期间，人们也从未停止过对于文化建设的追求，其历尽艰辛、百折不回的精神，让我们这些后来者肃然起敬！

正是在这样的背景下，我们步入了1995年。此后的10年，可以说是出版大繁荣的10年。其"大"不仅在出书多，而在于文化环境的日渐完好，出版人有了更加宽广的操作空间。但是，要想在如此丰富、如此漫长的"文化断代"中，理出一个明晰的头绪，实在不容易！思来想去，还是列出几个所谓"文化作用于出版"的实例，作一点描述，作一点思考。

领导

哲学左手举着王杖，右手举着书，这就清楚地向人们展示，没有人可以正确地统治一个国家而不依赖书籍。

——《书之爱》

翻开《中国出版年鉴》，书中每一卷都有"出版纪事"栏目。国家每年发出的诸多出版法规、文件，这也是一种文化，其中不乏一些与书相关的有趣的信息。例如，据《中国出版年鉴》（1995年卷）记载，1994年10月8日，新闻出版总署和国家版权局联合发出《关于不得继续发行、销售未经授权出版的金庸武侠小说的通知》。细想一下，这个通知颇值得玩味：一是中央专为"金庸"发文件，可见其人其书的影响力；二是"未经授权出版"就是侵权，就是盗版，而那时"盗版者"却是公开地做，我们还要"通知"，足见当时相关法律的缺失！时至今日，人们言必称"知识产权"，授权出版已经成为常识性的东西。这正是历史与现实的比照！我们不由得感叹：短短10年间，时代确实进步了！

言归正传。国家重视出版的事例很多，我很想举一例而反映全貌。我在掠过岁月留影的字里行间，发现一个好让人感动的"频发行为"，那就是国家领导人为体现"尊重知识、支持出版"而做出的一些重要活动，如为新书的出版而题写书名、贺词、序言等。这些活动"频发"到什么程度呢？几乎每个月都有。仅从《中国出版年鉴》《中国图书年鉴》的"纪事"中统计的次数看，我们就可以体会到领导们"在日理万机的同时，还要关心文化事业"的感人之处。请看近年间，相关的题字、题词、贺信、讲话、写序、座谈、庆典等的记录次数：

1993年：13次；

1994年：12次；

1995年：13次；

1996年：11次；

1997年：13次；

1998年：11次；

1999年：16次；

2000年：6次；

2001年：10次。

可以肯定地说，这个统计数字一定不准确，当然不会记多，一定是记少了。例如，我经手编辑出版的书中就有两套是由国家领导们写的序。一是1994年出版的《世纪之交，与高科技专家对话》，这本套是请李鹏同志写的序，还有"国外的领导"——联合国秘书长加利的致辞，但"纪事"中却未提到。再一是1999年出版的《工商管理大百科全书》，其中有朱镕基同志的文章"代序言"，"纪事"中亦无记载。由此可见，领导重视的程度还将有胜于此数据的表现。

下面，我对这些活动作一点分析。首先，此中以纪念革命前辈的活动居多，几乎包括了所有重大的纪念活动。像毛泽东百年诞辰、朱德107年诞辰、李大钊110年诞辰、王稼祥90年诞辰等等，都伴以各种书籍的出版，自然要请领导们签字、题词……其次，是一些重大事件的纪念活动，像红军长征、抗日战争等等，情况与前述类同。还有一些是与出版直接相关的活动，像商务印书馆百年诞辰、新华书店60年诞辰、《中国大百科全书》的出版、《汉语大词典》的出版、《中华大典》的出版等等，也免不了请领导出面，庆贺有加。有言道"盛世修典"，10年盛世，各类典籍果然纷纷出笼，政府又重视，故而忙得不得了。

在这些"纪事"中，我们还可以看到一些颇具人情味的事情。比如，《中国通史》出版之际，江泽民同志给白寿彝先生发去贺信；朱镕基同志也曾经致信为萧乾先生90华诞祝寿，并祝贺《萧乾文集》（10卷本）的出版；等等。这些活动其形式与内容都是感人的，是为官者做人做事的楷模！另外，国家领导人题写书名，涉及面十分广泛，像《中国台湾问题（干部读本）》《学子之路》《保险知识读本》《科学与艺术》《共和国十大将》《马万祺诗词选（二集）》《舒同书法集》等等。见于"纪事"中的精彩题词也有很多。例如，江泽民同志为《彭雪枫军事文选》及《彭雪枫将军》画册题词："文武兼备一代英才，功垂祖国泽被长淮。"李鹏同志为商务印书馆百年诞辰题词："词源开新宇，名著集大成。"又为《中国传统道德》题词："弘扬精华，除弃糟粕，广征博引，治学严谨，以教兴国，精神文明！"

这方面的内容还有许多，非常丰富。这让我想起柏拉图的一句话："国家如果被学者统治，或者其统治者研究哲学，那么国家将会非常幸福。"这大概是一种传统，一种追求，抑或是一个时代独具的文化现象。毕竟我们刚刚经历过那样严酷的"文化寒冬"，来一点文化关怀的"矫枉过正"，也是必要的吧！

获奖

真理是以思维、言语和书写的三种形式表现出来的；而三者之中，似乎以在书中的表现更为有效，更为果实累累。

——《书之爱》

其实，文化环境对于出版的影响因素很多，我想择其要而单单说一说"获奖"这件事。改革开放以来，我国图书评奖活动经历了一个演变的过程。早期的评奖活动都是自发、自为地进行的，名目繁多而无章法。近10年来，随着社会的发展，评奖活动基本由政府、学会以及学术部门出面组织，逐渐形成一个"大一统"的评价体系。如果我们站在社会文化的层面上审视这个体系，就会发现，我们评奖的目的是在鼓励或曰确立"今日中国主流文化的构成"，而其表现形式正是对书与人的一种评判！或者直白地说，国家大奖告诉我们应该出版哪类书和哪些人的书，应该读哪类书和哪些人的书。这里面，有传统的东西，有现时代的文化政治因素，更有中华文明接续不断的骨架！

应当看到，在出版的意义上，主流文化与时尚或流行文化有着相当大的差异。我们可以打一个比方：后者更像大自然每天变化的阴晴圆缺、风霜雨雪；而前者塑造的却是相对不变的高山与江河。我翻看了近年来畅销书榜单，无论是文学类还是非文学类，在前100名中，几乎没有一本可以获得"国家图书奖"！不是这些书不好，而是文化系统不同。其实，越是在宽容的社会环境中，这种表现就越丰富。所以，在现实的书业中，我们可以同时看到两副面孔。一副是市场的面孔。它可以让西风强劲，使"全球化出版"成为现实；它也可以让韩寒、郭敬明之辈甚嚣尘上，在商业上成功地"超越父辈",甚至引得某些"父辈"也跟着发飙。另一副是主流文化的面孔,其阶层构成不言自明。在久远、巍峨的文明殿堂里,那些晚辈、小辈、杂辈们无半点儿立锥之地,而国家大奖的评定正是其重要的表现方式之一。实言之,这"两副面孔"都表现得非常活跃,也非常残酷,在各自的领域内,它们分别举着客观主义的大旗,干着存在主义的"勾当",彼此之间毫无说理的余地。然而,社会却在这文化两极的竞争下,达到活跃和平衡。

"国家图书奖"已经评了6届,可以说,"严格"是重要的主题之一。它有时可以表现得超越现实的许多藩篱,在某一个既定的空间里我行我素。因为国家利益、专家的主流搭建以及一个数千年来形成的无形的文化巨手,交织在一起,任何人都应该在"责任"面前肃然起敬。即使是"偏见",也应该是单纯的。于是,我们在非标准化的现实中,找到了一个相对准确的系统——这正是我关注它的原因。我知道,"国家图书奖"背后的故事太多,我只想围绕本文的主题,列举一个例子,那就是在这6届评选中,有哪些人的全集获奖?请看:

第一届:鲁迅、李可染、莎士比亚、陶行知、冼星海、艾青；

第二届：巴金、冰心、闻一多、高士其、宗白华；

第三届：曹禺、邹韬奋、张岱年、李白、齐白石、塞万提斯；

第四届：蔡元培、老舍、李俨、钱宝琮、郑振铎、朱自清、胡绳、亚里士多德、俞平伯、张之洞、端智嘉；

第五届：顾毓琇、胡风、李大钊、田汉、八大山人、冯至、马寅初、汤用彤、艾塞提、梅兰芳；

第六届：郭沫若、吕叔湘、梁思成、贾祖璋、茅盾、吴梅、熊十力、姜亮夫、臧克家、加缪、林则徐、吴汝纶。

需要说明的是，还有一些不得了的人物，他们是以"文集"参评获奖的，如傅雷、王力、胡乔木、沈从文、叶圣陶、唐弢、季羡林、王朝闻、狄更斯、夏承焘、雨果、朱德熙、卞之琳等。

这样一个名单，纵横古今，偶及海外。毋庸多言，不同的人从不同的视角进行解读，一定会读出不同的意义。关键在于，出版社这些年出版的大家名家的文集和全集的数量，远远多于获奖的数字。剔除那些因技术质量问题落选的品种，其中仍然有大量著作因种种原因未能进入"正册"。例如，我经手编辑的文集就有几部没评上。像《周谷城文选》，落选的原因是选文太单薄，主题不清；《周一良集》，未能入围，大概是历史原因；《傅雷全集》，落选的原因是《傅雷译文集》已评上；《陈原语言学论著》，已入围，却没评上，原因不明。事实上，眼下许多出版社在出版"花钱挣名"的文集和全集时，其遴选标准都越来越受到"评奖标准"的影响。你说，评委们的责任有多大？

难忘

> 将一本书放在你的手中，就像公正的西门将幼小的基督接在臂中，拥抱他，亲吻他。
>
> ——《书之爱》

在如此丰富的10年中，终日与书相伴，难忘的事情自然很多。如果问到最难忘的事情是什么，我的头脑中自然会呈现出"商务百年"的字样。因为这决不仅是一个出版社的事情，而是中国现代出版业一个盛大的节日！当然，我所难忘的不仅是商务印书馆在中国出版界的崇高地位，更是它丰富的历史与现实的精神内涵——难忘张元济，难忘王云五与他的"万有文库"，难忘《现代汉语词典》和《新华字典》，难忘《牛津词典》系列，难忘陈原和"汉译世界学术名著"，难忘《赵元任全集》的组织和启动……

"商务"是一杆旗帜，它应该成为我们这一代出版人的精神支柱。其实我早就感叹，在出版的意义上，无论我们如何变换手法，比照起来，大多跳不出前辈们的"窠臼"。记得在1995年，我发誓效仿商务印书馆而启动"新世纪万有文库"的时候，陈原先生就告诫我："走商务的路，至少需要20年的努力！"他实际上是让我们静下心来，守得住寂寞，一点一滴、扎扎实实地做一点事情。因为在这一片圣地里，没有投机取巧、偷工减料的道路可走。我觉得，这才是一个真正的出版人应有的态度。

你看，在《中国出版年鉴》（1995年卷）的某一页上，出现了一个有趣的现象，这一页连着记载了两套大书的出版。一个是商务版的"汉译世界学术名著"。它历经10余年辛勤劳作，终于汇成7辑300种大作。一个是海南版的《传世藏书》。它被列入国家"八五"计划，要在两年内"精选中华文化要籍1000余种，2.5亿字"而迅速出版。两相比较，当然是后者的本事大。时光飞逝，有一天我蓦然发现，在《中国出版年鉴》（1999年卷）的某一页上，又出现了一个有趣的现象，它也是连着记载了两条消息。一个消息是，商务印书馆获得"优秀出版社"的表彰。另一个消息是，经抽查，《传世藏书》的差错率达到0.6082‰，严重超标，因此新闻出版总署做出停止发行《传世藏书》的决定。对于这些事情，我们业内的人都很熟悉。曾几何时，《传世藏书》多么显赫，既有"上市"概念，又送联合国收藏。记得当时我在一篇文章中说了一句"大而多误的《传世藏书》"的话，发表时都被编辑删去了。然而，文化的传承犹如大浪淘沙，来不得半点含糊，否则，你就会受到惩罚！

你看，难忘的事情就是这样喜忧参半。如果说《传世藏书》还是好心办了不好的事情，那么王同亿呢？就更让我们哭笑不得了。在出版界，他的故事几乎"妇孺皆知"，被称为"王同亿现象"。自1993年起，商务印书馆等出版社就状告其种种侵权行为，1998年新闻出版总署还专门发出《关于不得继续印制、发行和销售〈新现代汉语词典〉等三种侵权图书的通知》。奇怪的是，到了2001年，王同亿竟然能够卷土重来，继续编写词典，其中依然有"惊世骇俗"的注释出现。例如，将"暴卒"释成是"凶暴的士兵"，将"不破不立"释为"公安机关受理的刑事案件，能侦破的，就立案，不能侦破的，就不立案"，等等。这简直可以作为相声小品的素材！

　　当然，难忘的事情还有许多，无非是难忘的书、难忘的人。但是，在发达的传媒时代里，相关的评论真是太多太多，我说不过它们，就不说了。只是有几个逝去的人，忍不住还要说出来，因为近来出现的一些相关评论，真让人拍案叫绝！例如董乐山。他原本是一个极其儒雅的人，既翻译了斯诺的《红星照耀中国》，又翻译了奥威尔的《一九八四》。所以有人在董先生逝世两周年之际，发表《红星照耀一九八四》的文章。林贤治更是在《只有董乐山一人而已》中写道："在当代中国……论翻译界，我知道的是，只有董乐山一人而已。"我出版过董先生的几部重要著作，听到上面的评论，自然激动了很久。再例如陈原。他的去世震动了文化界、出版界，人们写了许多精彩的纪念文章，其中以我们的老领导宋木文先生的《思念陈原》一文最让我感动。他那一句"陈原同志，我想念你"包含了何等深切的意义！还有，沈昌文先生在《陈原的几句外国话》一文中说："这位最善言辞的智者，到生命的最后关头，竟然不能说话。起先说不了北京话，还会说广东话——他幼时说的语言。最后一年光景，就似乎啥也不能说了。"据说由于没有了"语言"，陈原先生经常流泪！

这些年离开我们的人，还有周振甫、张岱年、张光直、金克木、施蛰存、柯灵、唐振常、李慎之……他们都让人难以忘怀。写到这里，一缕忧伤的情绪不觉笼上心头。可是，一想到他们都是豁达的人，一想到老年依然美丽的黄宗英携着二哥冯亦代轻快地"归隐书林"，一想到张中行先生那句绝妙的幽默之言——"我已经度过了老年"，心情才轻松了许多。

董乐山

阅读

宗教秩序之神圣庄严的奉献是惯于精心地护理书籍和在书中得到快乐，仿佛那是他们仅有的财富。

——《书之爱》

有观点认为，10年之间，人们对"阅读"的认识发生了最深刻的变化。不是说变好了或变坏了，而是说变得轻松了、自由了、多元了、复杂了。我们出版人，最受阅读文化的影响，怎么可以不作一点深层的分析呢？

我觉得，改革开放以来，人们对"读书"的认识经历了三个阶段：一是"读书无禁区"的讨论，二是"读书致用"与"读书不立即致用"的观点的流行，三是"读书成为一种自由的生活方式"的观点的倡导。眼下，我们正处于第三个阶段。其实，在中外历史上，这些观点都不新鲜。西汉扬雄说："爱书如好色"；福楼拜说："阅读是为了活着"；培根说："过度的求知欲望使人类堕落"；蒙田说："阅读只是为了解除烦恼"；秦始皇为了防备人们造反而焚烧书籍；马基雅维利为了销蚀人的意志而劝人读书……这些先辈们，把该说的话都说了，该做的事都做了。我们从"十年动乱"到"思想解放"，只不过是又重复了一次人类文化变革的轮回。所以，即使我们获得了更大的阅读空间，也没什么值得骄傲的，只是赶上了一个好的"轮回"，可以相对自由地思考、操作和言说罢了！

阅读改变环境。在这10年间，书业真的很活跃——书多、书人多、观点多，许多话说出来，还真有点"名言"的味道。诸如"读书是一件私事"（朱正琳语），"每个人都有庸俗的权利"（小宝语），"读书即消费"

（程三国语），"世间没有完美的女人，也没有完美的书"（石涛语），"20年不足以承载经典"（窦文涛语），"与其说无书可读，不如说无书可共读"（黄集伟语）……说得都不错，许多见解直追古人。但是，我更欣赏陈原先生的一段话："书迷与文明共生，甚至过着一种淡泊宁静的自我牺牲生活，具备一种虔诚的殉道者精神。"还欣赏王强的话："我的书同我的心将永远不分离。"当然，这两句与前面那些"名言"，属于两个完全不同的语境，我无意于比较他们境界的高低，只是希望找出一些关于书的"唯美主义"的情操、理想主义的情结，让我面对当世的纷乱，可以静静地吟道："回归哟，来占我空心！"（殷夫语）

作为一个出版人，我在呼唤什么"回归"？当然是文化精神。在市场经济的今天，刘杲先生说："出版，文化是目的，经济是手段。"沈昌文先生称赞："此语是名言，我们需要这样的黄钟大吕。"正是在这样的主题下，我们才能够建立起一些健康、自由、个性的阅读空间。在这里，我很想推荐两本书或称"杂志书"（Mook），即《阅读的风貌》和《阅读的狩猎》。它们堪称"当代出版人的读本"，讲的是门径，讲的是方法，讲的是理念，其中还有浓浓的感情。它们使我深深感悟到，要想让读书成为一种健康的生活方式，确实需要我们这一代人共同的努力！

　　说点儿题外话，或曰"一段书人的趣事"。在翻阅《阅读的风貌》时，我曾经记下梭罗谈"阅读"的一段话，大概是郝明义先生的译笔。那段话译得精妙极了，为什么这样说？因为我还读过徐迟先生的译文，就比照一下吧：

　　　无论我们多么崇拜演说家的妙语如珠，最高贵的书写文字比起那些飘浮的口语，就像是高远的星空之于低处的浮云。看！星星就在那儿，能读的人就读吧！（郝明义译）

　　　不管我们如何赞赏演说家有时能爆发出来的好口才，最崇高的文字还通常地是隐藏在瞬息万变的口语背后，或超越在它之上的，仿佛繁星点点的苍穹藏在浮云后面一般。那里有众星，凡能观察者都可以阅读它们。（徐迟译）

迷惘

　　一个人不可能钟爱黄金，又钟爱书籍。

　　　　　　　　　　　——《书之爱》

10年就这样过去了，《中国图书商报》也一点点成熟起来。可是，看一眼时下的书业，我却有些迷惘了。从当年李洪林先生在《读书》上一句如石破天惊的"读书无禁区"到如今《新周刊》上血红的大标题——"无书可读"，中国出版界到底发生了什么事情？

　　可能什么事情都没有发生，只不过是杂志的一次炒作罢了。今天的文化人已经不像前辈们那样老实，那样崇高。严搏非就批评《新周刊》是无稽之谈，"是不读书的人才说的话"。《出版经济》也说他们是"拿出版界开涮"，至于《新周刊》还将《万象》杂志评为当年的"年度新锐图书"，那是"拿出版界再次开涮"！

　　也可能什么事情都发生着。不然，为什么李欧梵叹息"当代已经没有知识小说"？为什么李敬泽指出"报告文学在遗忘中老去并枯竭"？为什么林贤治宣称李慎之是"永不回来的娜拉"？为什么黄宗英亲耳听到毛泽东与罗稷南的对话，"吓得肚里娃娃险些蹦出来"？为什么余秋雨要闹着"封笔"？为什么"长江读书奖"遭到质疑？为什么《读书》出了个"中国公务员版"？为什么冯象希望"每三年将《神曲》重读一遍"？为什么葛兆光写完《中国思想史》，却说"无论别人怎样看，我已经是筋疲力尽"？为什么汤姆森学习集团如此重视辛广伟的 *Publishing in China*？为什么沈昌文、吴彬说"办《读书》的经验是无能、无为、无我"？为什么"性""心灵"和"死亡"成为当代出版的三大热门话题？为什么安波舜被称为"布老虎之父"？为什么陆灏又在抱怨"我为《万象》付出了多少青春"？为什么李慎之最大的遗愿是编一套《中国公民读本》？为什么说"80后的小孩见神灭神，遇佛杀佛，充满了弑父情结"？为什么"八卦文化"不可遏制？为什么沈浩波要写那么恶心的《心藏大恶》？

对不起，"迷惘"又让我浮想联翩，夜不能寐——脑海中的问号一串一串地涌现出来。不必理我，一会儿就过去了。维特根斯坦说："一个人对于不能说的事情就应当沉默。"就此打住！

尾声

因为它主要讲述热爱书籍这一主题，我们根据古罗马的时尚，充满深情地以希腊名词"Philobiblon"来作为书名。

——《书之爱》

本文所引用的《书之爱》的作者，名为理查德·德·伯利，是一位大主教。其实，还有一本《书之爱》，它的作者叫王强，就是"新东方"的那位才子。正是王强在自己的《书之爱》中，充满激情地介绍了伯利的《书之爱》，沈昌文先生才一路追踪，找到那本书，请来译者肖瑷，将它出版。于是，我们有了两本 *Philobiblon*！

（写于2004年）

文化与出版，是谁发出了SOS？

　　近年来，随着出版改革的发展，我们这些"贩卖文化的人"一直被"企业化""集团化""商业化""市场化"之类的主题词围困着，而文化本身却有些受到冷落。其集中的表现是，一些人将出版类比为一般的商业企业，将图书类比为一般的商业产品，单纯地用利润判断图书的价值和使用价值，从而导致出版行业中"极端商业化"思潮的盛行。

　　这种现象的出现并非无人警觉。早在2003年，刘杲同志就连续发表几篇文章，主题只有一个："出版：文化是目的，经济是手段。"我第一次见到这个命题，恰恰是在刘杲同志为我的集子《人书情未了》所写的序言中。那篇只有1000多字的短文，几乎通篇都是在大声疾呼："文化是出版的魂，是出版的命……如果背离了文化建设这个根本目的，经济手段对出版有什么意义呢？什么积极意义也没有。"沈昌文同志读到这些文字，也立即大声疾呼起来，他给刘杲发邮件说："你的'对出版来说，经济只是手段，文化才是目的'是名言，佩服佩服！现在正需要这样的黄钟大吕。"说实话，当时我很茫然，并没有真正理解他们"大声疾呼"的深意，虽然刘杲同志还称赞我"在骨子里却是个醉心于文化的文化人"。但是，我从直觉上感到，这种"疾呼"很有SOS的味道，而且是文化的求救！尤其是沈昌文同志已经用上"黄钟大吕"这样的顶级词汇，看来问题确实有些严重。

2005年，在制定"十一五"规划的过程中，刘杲同志又对出版界的"跨越式发展"的口号提出了严肃的批评。他说，出版业提出"跨越式发展"的要求是不切实际的，"过高要求并不能鼓舞士气，只能激发浮夸风气"。所以他建议，应该提倡"平稳较快发展"，这才符合科学出版观的原理。接着，巢峰同志更是直截了当地指出，所谓"跨越式发展"就是要越过某个阶段跳跃式发展，与"大跃进"实为异曲同工。"精神产品生产，除了上述制约因素（原材料和市场）外，还要受思想性、学术性、艺术性的制约。文化产品的思想性、学术性、艺术性，潜移默化，传承创新，一般以渐进形式向前推进，而不是'跨越式发展'。"于是，我们又回到了"文化"这个主题。显然，"跨越式发展"的冲动也是极端商业化思潮的产物。请问，文化怎么跨越？高雅与通俗、学术与普及、经典与流行、传承与创新，它们有机地交融在一起，既无法跨越，也无法剪裁。这大概是清醒的出版人又一次"黄钟大吕",大概是文化的又一次SOS。

写到这里,我隐约地觉得,人们一次又一次地呼救,似乎有一点"文化乞求"的感觉——好像文化拖了经济的后腿;好像出版企业的管理落后于其他企业;好像出版人都是书呆子,不懂MBA,不懂IMF;等等。应当看到,冲突的发生不是"经济"这把尺子的错,而是商业理解上的形而上学。更为严重的是,这种现象还说不得,否则动辄批评你"思想陈旧""你看人家西方如何如何"!西方究竟如何呢?近来我读到贺圣遂同志的几篇文章,其中许多观点让我有茅塞顿开的感觉。他的好文章《关于科学出版观的思考》就不用说了。前不久,他接受《文汇读书周报》的采访,讲到上世纪末美国出版业发生的集团化与购并之风的例

兰登书屋商标

子，实在是值得注意。他说：

> 兰登书屋被纽豪斯传媒集团收购后，银行家出身的维塔尔入主兰登。在"每一本书都必须盈利"的经营思路指导下，兰登出版了很多低俗无聊的作品；维塔尔还要求所属潘塞恩出版公司缩减2/3的图书和员工，只出版销量大的品种，被裁员工则大都为有文化理想和文化追求的出版业骨干人员，最终导致了员工的集体辞职，曾在美国出版界有较大影响的潘塞恩图书公司自此不复存在。而这并没有给它带来多少好处——1997年，兰登的利润率仅为0.1%，一年后，沮丧的纽豪斯把兰登卖给了贝塔斯曼。

对此，贺老师的结论是："这恰恰说明，完全商业化的模式并不是出版业的济世良方，出版业的安身立命之本是文化，而且永远是文化。"这是多么清醒、冷静、准确的判断啊！他让我悟出了一个道理：如果文化离开了出版的反哺，它还有很多的存活形式；反过来，如果出版离开了文化的正确轨道，那它肯定是要死掉的！

说到这里，可能有人反驳说："你的例子也有些绝对化。俗文化不也是文化吗？它们商业成功的范例也不少啊！"是的，不是不少，而是太多了。但是，它们一旦走向低俗，就是对人类文明和主流文化的挑战，也是对出版人良心的挑战。其实，多少年来，随着社会形态的演变，出版界高雅与低俗的斗争一直激烈地发生着。再以西方为例。著名的"企鹅丛书"出版人莱恩，就曾经为图书的低俗化问题，与他的继任者戈德温发生过激烈的争论。莱恩讽刺戈德温说："你可能是一个市场奇才，但你却不知道一本书不是一听黄豆。"当戈德温出版一本充斥了有关残肢断体、耶稣受难、厕所茅坑和尼姑的漫画《谋杀》的时候，忍无可忍的莱恩深夜带着四名大汉，开着一辆农场大卡车驶向企鹅书库，运走了所有还没来得及走进书店的《谋杀》，在旷野中把它们化成灰烬，第二天便宣布此书绝版。这在出版史上也算一绝。结果，戈德温只好辞职，虽然他在任期间已经把企鹅的营业额翻了三倍。

说点儿题外话。那些天看世界杯，有些神魂颠倒，不觉就做了一个梦。我梦见"文化"挟着嘶哑的哭声一路奔走。我问："怎么了？'文化大革命'不是早就结束了么？"她说："是啊。可这一次是一只无形的大手的追杀，迫得我几乎喘不过气来。难道经济也要大革命了？"我笑笑说："不会的，危言耸听。"怎么会呢？我们刚刚经历了那么严酷的"十年浩劫"，蒙难者大多还活着，他们怎么会那么快就忘记那段伤痛？可反过来一想，谁没活着呀？不同的时期，"大革命"也会冠着不同的名义出现。想到这里，心中不禁一凛，就醒了过来。噢！哪里是什么"文化"在哭泣，原来是健翔兄的那一阵乱吼，引起我梦中忧思的移情。真是杞人忧天，世界多么太平啊！于是，我又带着会意的微笑睡去了。

（写于2006年）

卅年间，落几滴星星雨点在心田

　　不久前，沈昌文先生应陈子善先生之邀，与一些大学研究生就"80年代的《读书》和文化思潮"进行座谈。事后他感慨地说，人们对往事的忘却真是太快了，20多年前的事情，他们几乎一无所知。听到沈公的话，毛尖叹道："是啊！对现在的大学生来说，上世纪80年代的事情，就像古典文学一样久远。"

　　如此快速的忘却一定是有原因的。不然，陆灏为什么会说："在回忆过去的时候，我们常常会陷入两种困境，要么把过去看成是失去的天堂，要么觉得往事不堪回首。"陆兄说话，历来飘如浮云、落似残花，不着俗世痕迹。他这一句朗朗之言，自然唤起我追思的欲望。从1977年参加高考，到1981年进入出版行业，再到今日的繁华世界，整整30年了。作为30年的亲历者，我们忘却了什么？记住了什么？清理一下吧，我一边点数，一边不无谐谑地想起孔乙己那句妙语："不多了，我也不多了。多乎哉？不多也。"

　　是的，时光飞逝，我记忆的脉络零乱得无从说起。

还是先从"文化"入手。"文化"是一个宽泛的概念，它至高无上，至深无下。这30年，在形而上的意义上，文化的波折真实而确切。前10年，即上世纪80年代，那是一个文化启蒙的时代，一个激动人心的时代。在"解放思想"的主题之下，我们迎来了一个"文化丛书的时代"。老牌沉稳的商务印书馆的"汉译世界学术名著"就不用说了，时称"三大编委会"推出的三大丛书——"走向未来""文化：中国与世界""二十世纪文库"以及中国文化书院编委会推出的一系列著作，引领了10年间的文化思潮。一时间，相应的丛书、套书蜂拥而上，无数时髦的名词与学术概念扑面而来：保罗·萨特、弗洛伊德、马克斯·韦伯、丹尼尔·贝尔、马尔库塞、弗洛姆、本雅明、阿多诺、海德格尔、福柯、波伏娃、亨廷顿，还有现象学、阐释学、存在主义、宗教学、法兰克福学派、新儒学、女权主义、后殖民理论等等。有人把那一段繁荣归因于"十年动乱"后的文化反弹，正像西方的"文艺复兴"一样。"愤青们"却反讽道："80年代的可怜就是不知道自己有多惨，还说什么'文艺复兴'，那是瘫痪病人下床给扶着走走，以为蹦迪啊！"（陈丹青语）

我是那一轮"文化启蒙"热情的追随者与参与者。在一种亢奋的状态下，我们见到新书就读，见到新概

354

念就想弄个究竟。1987年，我们也曾经在辽宁教育出版社推出丛书"当代大学书林"，算是几个年轻的出版人对于时代的回应。记得当时我们在《光明日报》上发了一个小小的"征稿启事"，结果投稿的来信铺天盖地。我们用大字报的形式把题目抄下来，整整贴满了一面10余米长的墙壁。其中有张光直、薛华等大学问家，更多的是一些崭露头角的学术新人，像李君如、宋林飞、孟宪忠、邴正、陈学明等。我们后来推出的著作有《哈贝马斯的商谈伦理学》《当代西方社会学》《思考世界的十个头脑》《观念更新论》《美术、神话与祭祀》等。回想起来，那时提出一个丛书的名目，向社会征稿，真有"振臂一呼，应者云集"的感觉。

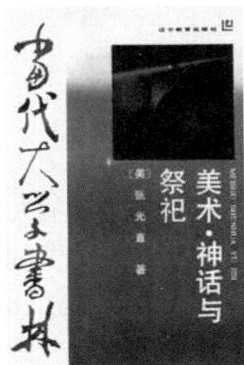

张光直：《美术、神话与祭祀》

到了90年代，当我们再以上面的形式公开征稿、组织选题时，社会上那种充满理想主义、浪漫主义的呼应与认同就没有了。开始我们还以为是题目不好，后来才发现是时代发生了变化，我们的文化表征也由"启蒙"而转向

"传统文化的反思"，以及面对强势的市场化倾向而产生的"文化失语"状态（甘阳语）。

也有人说，90年代是"学问家凸现，思想家淡出"（李泽厚语）的时代。我们率先组织出版了"国学丛书"，它的编委会成员包括王世襄、王利器、方立天、刘梦溪、汤一介、张政烺、张岱年、庞朴、李学勤、杜石然、金克木、周振甫、徐邦达、袁晓园、梁从诫、傅璇琮，编辑部由陶铠、李春林、梁刚建、葛兆光、王炎、冯统一等人组成。他们在"编辑旨趣"中写道："华夏学术向以博大精深著称于世。降及近代，国家民族多难，祖国学术文化得以一脉未坠，全赖有学见之前辈学人参酌新知，发奋研治。'国学丛书'愿承继前贤未竟志业，融汇近代以降国学研究成果，以深入浅出形式，介绍国学基础知识，展现传统学术固有风貌及其在当代世界学术中之价值意义，期以成为高层次普及读物。"

至此，"国学热"兴盛起来。究其原因，有人说，这是对于80年代"全盘西化"思潮的反击；有人说，这是自"五四"以来，中国文化的再一次反思；也有人认为，这是在全球化的背景下，国人对于文化多样性的坚守。

值得注意的是，"国学热"并不是90年代文化嬗

356

变的唯一主题，人们所谓的"文化失语"也没有出现，一个更加商业、多元、俗化、冷静、中庸、现实的社会形态向我们走来。90年代中期，我们开始编辑"新世纪万有文库"，将之划分为三个子书系："传统文化系列"，侧重于普及；"近世文化系列"，侧重于整理与重现；"外国文化系列"，侧重于拾遗补阙、推陈出新。这中间，有文化的自觉，有传统的延续，有商业的考量，有启蒙的内涵，有西化的因素，有调和的形式，有宽容的表现……总之，它是一个反极端的温和产物。它的主持者沈昌文先生说，"保存为名，启智为实"，其中自有一番深意。

显然，90年代的文化表现出一种宽容、多元抑或软弱的气质，不再咄咄逼人，不再充满理想主义的浪漫，它甚至为多种文化的交流预留了充分的空间。它还接受了中国学术通俗化的概念。从南怀瑾的喋喋不休，到蔡志忠的恣意画风，再到大陆通俗化、评书化学者的登堂入室，都得到严肃文化的包容或默认。正是在这样的背景下，"国学热"虽然没有覆盖90年代整个的文化历程，却在所谓"和而不同"等妥协的状态下得以生存和延续，一直延续到新世纪，延续到当下。有趣的是，新时代又赋予了国学新的历史使命。中国经济的飞速增长与全球化的形势，让我们喊出了"文化走出去"的口号。两年之内,《中国读本》被翻译成10余种文字。数年之中,孔子学院在全世界遍布开花,伴随着汉语教材的及时跟进,我们甚至在国际上找到了出版的盈利空间。

以上,我是在形而上的意义上,谈论30年文化流变。其实还有一条线索不容忽视,那就是流行文化、时尚文化的嬗变。《系辞》曰:"形而上者谓之道,形而下者谓之器。"畅销书是"道"还是"器"呢?说不清楚。我知道它有三个主要的支撑点:一是时尚,二是好看,三是流俗。上世纪80年代,流行文化的筋脉是琼瑶、亦舒、三毛、金庸、汪国真、舒婷……港台文化的新鲜气息,熏染了我们好长一段时间。那时中国的门户刚刚打开,田园风光与初露头角的小资情调交织起来,人们的心绪像电影中的慢动作一样,激情而笨拙。

到了90年代,情况有些复杂。以《廊桥遗梦》为先导的西方畅销书进入中国,接着有《苏菲的世界》《英国病人》《失乐园》《格调》《学习的革命》;以刘晓庆《我的自白》为代表的名人传记开始流行,接着有赵忠祥、庄则栋、倪萍、杨澜、姜昆、宋世雄、吴士宏、王蒙等。还有余秋雨、王朔,还有《老照片》,还有比尔·盖茨,还有早逝的王小波。显然,90年代的

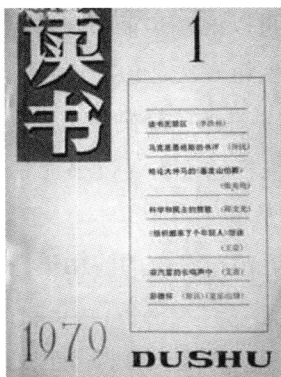

《读书》杂志创刊号

这一张书单，已经加大了年代的文化变数，也加快了流行频率。王蒙先生是一位承上启下的人物，余秋雨带来10年以上的辉煌，其他的人呢？

新世纪畅销书的出版情况，看上去更加符合现代流行与时尚的定义。人们的注意力像走马灯一样换来换去：2000年，《第一次亲密接触》和《三重门》；2001年，《我为歌狂》《哈利·波特》；2002年，《幾米绘本》《谁动了我的奶酪》《菊花香》；2003年，《幻城》《我们仨》；2004年，《狼图腾》；2005年，《达·芬奇密码》；2006年，《品三国》；2007年，《于丹〈论语〉心得》。每年还会有一大串畅销书目，继之以数据、分析、评论——我们的操作，看上去越来越像美国以及《纽约时报》的书评版了。

对于这些书，读书的行家止庵先生说得好："什么书好卖就出什么书，无可非议；什么书好卖就读什么书，愚不可及。"此语听起来很有哲理。他把我们的思绪引向另一个重点问题：30年来，我们的阅读发生了什么样的变化？我们是否可以说，30年来，我们的阅读发生了三次重要的变化？第一次是1979年4月，《读书》杂志创刊。其中登载李洪林的一篇文章，原题为《打破读书禁区》，范用先生将它改为《读书无禁区》。这个口号是阅读界思想解放的先声，进步意义无须赘述，它带来的书业繁荣也在改革开放的前10年充分体现。

第二次是1989年4月，《读书》杂志刊载柳苏的文章《你一定要读董桥》。此文引发的争议颇大，表面上是讨论董桥文体的问题，深层却是关于阅读目的性的反思。借用弗吉尼亚·伍尔芙《普通读者》中的一句话——"读书是为了消遣，而不是为了传授知识或纠正他人的看法"。这样的观点，在后来沈昌文先生编辑"读书文丛""书趣文丛"时，被阐释得明明白白。应该说，这是在阅读的意义上的又一次思想解放。

第三次是2003年11月，《新周刊》的封面上印着几个血红的大字——"无书可读"。刊中侯虹斌的主题文章《无书可读的三种说法》，从2300多年前亚里士多德与其弟子们的一声喟叹说起，列出了一串旷世奇才的名字如达·芬奇、斯宾诺莎、戴震、段玉裁、王念孙、陈寅恪、钱锺书、顾准等，指出这些人都超越了前人的思想，但在所生的时代都有"无书可读"的困惑。遗憾的是，新世纪的"无书可读"却不是大师的体验，而是平民的实践。我们可以说，这是"分众"的结果，这是"速食"的结果，这是"功利"的结果。究竟是什么结果呢？这就是我们出版30年来追求的结果吗？

30年，漫长而充实。即使忘却了许多东西，还是留下三条线索：文化、畅销书、阅读。我的记忆很有些凌乱而无边际，星星点点，像初春的一阵暴雨之后，林中的树木鲜绿了，空气湿潮而温婉。我仰起脸，阳光已经醒来，水珠依然滴落。孩子们一定会问：它们来自天上，还是来自树上？

（写于2008年）

后记

2000年，辽宁出版集团树帜。当时我正担任辽宁教育出版社社长兼总编辑。领导让我去集团担任副总经理，但是不能再兼任辽宁教育出版社的工作。我不高兴，又抵不住升迁的诱惑，就提出条件，希望能让我先兼职一段时间，把一些未尽的事情做完之后，再彻底脱离出版社。领导勉强同意我的请求，所以我又兼任了3年社长。但是，在这3年时间里，我的心态完全变坏了，随时担心领导会找我谈话，告诉我"兼职结束了"。

我如此留恋出版社的工作，大约有三个原因。一是从辽宁教育出版社挂牌始，我就在这里做工作，从助理编辑、编辑、编辑室主任、副总编辑，一直做到社长兼总编辑。用一句酸溜溜的话说，我为辽宁教育出版社付出了多少青春？现在说走就走，确实有些舍不得。二是许多同人对我说，集团的工作不适合你，况且你手上有那么多出版资源，放弃它们，去当官，不是很可惜么？三是不知为什么，离开出版社，升职到集团去，使我与书之间，似乎产生某种"生离死别"

的感觉。

恰逢此时,《中国图书商报》王一方、唐明霞约我开一个专栏。开题时,我由电影《人鬼情未了》想到"人书情未了",就用它命名我的专栏,以此表述我当时的情绪。2003年,我出版自己的文集,也取名曰《人书情未了》。

也是在2003年,我不再兼任辽宁教育出版社社长工作,结果,上面预感的许多事情,都如期发生了。集团的工作性质与出版社大不相同,它真的使我远离了书稿,远离了作者,远离了读者,也远离了那么多志同道合的朋友。但在此刻,我已经没有"重归书林"的退路。许多时候,我坐在静悄悄的办公室里,内心中经常会涌出极大的恐惧感和孤独感,眼前也会浮现出一些可怕的景象,一个孱弱的文化生命,在渐渐地衰竭、老去;一片贫瘠的心灵之田园,在默默地接受着沙漠化的现实。

怎么办?没有办法。身为一介书生,我敌不过社会变迁的力量,也没有战胜世俗的勇气,只能寻找独善其身的路径。几经思索,我想起早年父亲经常的教诲。他说,人生在世,要"狡兔三窟",这样当你遇到变故时,才能立于不败之地。多年来,我挖掘的"三窟"是出版、学术和写作。现在,出版出了问题,我只好遁入另外两个洞穴。为此，我围绕着"学术与写作"列出三条主线：第一条是中国古代哲学专题，即我喜爱的数术类研究；第二条是对我过去20年出版工作的整理、回忆与反思；第三条是接续我专栏创作的文字生涯。

先说第一条。数术研究是我1990年代初开列的一个颇具野心的学术计划。当时，我已经有著作《古数钩沉》在北师大出版社、《数术探秘》在北京三联书店出版。后来出任辽宁教育出版社社长，就把这一段研究搁置起来，期待有闲暇的时候，甚至退休之后，再做操练。现在机会来了，真让我高兴。于是，在一个大变革的年代里，我一头钻进故纸堆中，通读《十三经》和廿四史《五行志》等，沉湎于古代术士们谈天说地的奇思异想之中。数年之间，我做了近百万字的读书笔记，写了许多我自称为"伪学术"的文章，还在中华书局出版了近30万字的著作《数与数术札记》。

再说第二条。在20多年的出版工作中，我养成写《编辑日志》的习惯。又在日志的基础上，经常写一些回忆文章。有人说，你怎么40来岁就开始回忆了呢？这是我生活中的一项偏好。在这段"空闲"的日子里，我从1982～2002年的《编辑日志》入手，一面整理，一面集，一面做笔记，几年下来，竟然得到近百万字的资料积存。在此基础上写回忆文章，更加得心应手。

最后说第三条，我的专栏创作。你知道，我平生最喜欢的职业，就是做一个专栏作家。在这方面，我心中的偶像是金庸大侠，还有董桥和林行止。记得1997年去香港拜见董桥先生，当时他出任一家报纸的总编辑，每天还要写一篇专栏文章，工作紧张得不得了。但每经过一段时间，他就会将专栏文章汇成一本小书出版。我们曾经出版他的"语文小品录"10册，都是这样积攒而成的。那时我想，这样的生活方式，多紧张、多充实、多有韵味啊！

但是，喜欢归喜欢，真想提起笔，写出精致的文章，我还是有些胆怯。因为早年赶上"文革"时期，我接受的基础教育就不是很好；"文革"后恢复高考，读的又是数学系，文字水平实在有限。突破这一段障碍，要感谢《光明日报》的李春林先生。那时我们在一起编辑"国学丛书"，经常有书信往来。1994年末，在一次聚会上，春林兄对我说："晓群，我看你的文字不错，为我们的读书版写一个专栏吧。"他约我写8篇，专栏题目自己拟定。实不相瞒，听到这个消息，我既兴奋又紧张，甚至有些不知所措。忙活了几个月，写了许多题目和样稿，又都扔掉了。最后列题曰"蓬蒿人书语"，1995年4月开始在《光明日报》上每周一篇连载。这是我"第一次"写专栏，今天看来，行文有些幼稚，但还算不辱使命。许多人读到这组文章，发出两点感慨：一是说，一个学数学的人，能写成这样已经很不容易；再一是说，做编辑的人，这样讲述书与人的故事，是一件很有意义事情。让我难忘的是，张岱年先生、葛兆光先生等一些大学者也看到了这组文章，他们在来信中多加赞扬，鼓励我坚持写下去。

接下来，我在《出版广角》《中华读书报》《文汇读书周报》《沈阳日报》等陆续刊发了一些随笔。1999年，又在《光明日报》"快语"栏目中写了6篇文章。2001年，《中国图书商报》开辟出版人专栏，我以"人书情未了"为题，在两年多的时间里，写了30多篇"千字文"，后来成为《人书情未了》中的主体文字。

2003年以来，在集团工作，我的时间多了，文章多了，专栏也多了起来。最多的时候，我同时给几家报刊写专栏，《中华读书报》的"这一代的书香"，《南方都市报》的"语言漫谈"，《中国新闻出版报》的"晓群书人"，还有《辽宁日报》"开卷"主笔，等等。其中，我为"开卷"专栏写了两年多，每月一篇，颇用功力，对我的写作影响不小。像我在丁宗皓先生指点下，撰写国学评论文章4篇，名曰《大国学，一门公正与仁爱的学问》《入则充栋宇，出则汗牛马》《国学，使我们诗意地栖息》和《"孔子曰"——中华文明全球化的标牌》。后经宗皓兄将它们合为一个长篇，重新命名曰《国有学》；又蒙林建法先生垂青，将此文在他主编的期刊《西部文学》上发表。2009年末，《国有学》荣获辽宁省优秀散文奖。

转眼之间，我在集团度过8年光景。清点行囊，我发现，在《人书情未了》之后，又有近百篇新作落于我的袋中。2008年，台湾出版家郝明义先生从中选出20余篇，在海外推出繁体字版《一面追风，一面追问——大陆近二十年书业与人物的轨迹》。

本集《这一代的书香》，选文52篇。感谢王志毅先生支持，还要感谢沈昌文先生美妙的序言。

写此文，正值北京大雪。那一天，我恰好在郊外一家孤店中小住。说是"孤店"，因为它身后依傍着燕山山脉，眼前却是一片可以极目远眺的旷野。深夜，我搁笔案上。推开窗，但见天色茫茫，寒风凛冽，大团的雪片，从漆黑的夜幕中滚滚而下。在灯光的映照下，漫天的飞雪闪出点点奇异的光，像天使的眨眼，更似夜妖的微笑。你听，在山坳那边，隐约飘来一阵咯咯的笑声，让我仿佛看到，天空中一群自在的精灵，正伴着缤纷的雪花嬉戏打闹。

此刻，关于书，我的狂想症又发作起来。我读

《安娜·卡列尼娜》，读《暴风雪》，读《决斗》，读《汤姆·索亚历险记》，读《三个火枪手》；当然，还有《石头记》"琉璃世界白雪红梅"，《水浒传》"林冲雪夜上梁山"……突然间，满目阳光灿烂，一排排兰草从蜿蜒而上的长廊间丝丝垂下，顺着碧绿的枝条，一串串晶莹的水珠缓缓滴落，叮咚叮咚，叮咚叮咚……那是什么声音？是我们阅读的心声么？

此刻，窗外的暴风雪停歇了，我心中的黑夜退去了。上帝啊，此刻，在我的心中，除了你，只有书。

2010年1月作于北京燕山脚下

图书在版编目（CIP）数据

这一代的书香：三十年书业的人和事／俞晓群著
. —杭州：浙江大学出版社，2016.4
（守书人文丛）
ISBN 978-7-308-15708-7

Ⅰ．①这… Ⅱ．①俞… Ⅲ．①出版工作－中国－文集
Ⅳ．① G239.2-53

中国版本图书馆 CIP 数据核字 (2016) 第 057984 号

这一代的书香：三十年书业的人和事
俞晓群 著

责任编辑	叶 敏
文字编辑	宋先圆
责任校对	周元君
营销编辑	李嘉慧
出版发行	浙江大学出版社
	（杭州天目山路148号 邮政编码310007）
	（网址：http://www.zjupress.com）
印 刷	北京中科印刷有限公司
开 本	880mm×1230mm 1/32
印 张	12
字 数	221千
版印次	2016年4月第 1 版 2016年4月第1次印刷
书 号	ISBN 978-7-308-15708-7
定 价	52.00元